POLYGLOTT on tour

D1639816

Phuket
Ko Samui][Krabi

Die Autoren

Martina Miethig

Die Politologin tauschte den Berliner Redakteursalltag gegen kleine und größere Abenteuer in asiatischen Gefilden. Die ausgebildete Journalistin arbeitet heute als freie Autorin für Radio und Printmedien – wenn sie nicht gerade auf Reisen ist.

Wolfgang Rössig

Der Reiseautor und Fotograf ist für zahlreiche deutsche und internationale Verlage tätig. Am liebsten reist er kreuz und quer durch die Welt, immer auf der Suche nach neuen Traumzielen. Thailand gehört auch wegen der exzellenten Küche zu seinen Lieblingsländern.

Das System der POLYGLOTT Sterne

Auf Ihrer Reise weisen Ihnen die Polyglott-Sterne den Weg zu den bedeutendsten Sehenswürdigkeiten aus Natur und Kultur. Für die Vergabe orientieren sich Autoren und Redaktion am UNESCO-Welterbe.

*** eine Reise wert   ** einen Umweg wert   * sehr sehenswert

Unsere Preissymbole bedeuten:

Hotel (DZ)		Restaurant (Menü)	
●●●	über 3000 Baht	●●●	über 500 Baht
●●	1000 bis 3000 Baht	●●	200 bis 500 Baht
●	unter 1000 Baht	●	unter 200 Baht

Wechselkurs:

1 €	ca. 40 Baht	1 CHF	ca. 33 Baht
100 Baht	ca. 2,50 €	100 Baht	ca. 3 CHF

POLYGLOTT **Top 12** .... Umschlag vorne

Reiseplanung

Land & Leute

Unterwegs in Südthailand ▪▪▪

Bangkok 44

Thailands feuchtheiße Hauptstadt lockt mit farbenfrohen Tempeln, glitzernden klimatisierten Shoppingpalästen, traditionellen Märkten, kulinarischen Entdeckungsreisen und dem turbulentesten Nachtleben des Landes.

Phuket 68

Die beliebteste Urlaubsinsel des Landes ist ein Paradies für Strandurlauber. Patong Beach ist für Wassersport und Nightlife bekannt, im Norden kommen Naturfreunde auf ihre Kosten. In Phuket Town kann man sino-portugiesische Architektur entdecken und in das Leben der Einheimischen eintauchen.

Andamanenküste 90

Bizarre Felsformationen rahmen viele Sandstrände der Westküste Thailands. Taucher zieht es an die Urwaldstrände von
Khao Lak und zu den vorgelagerten Similan Islands, Kajakfahrer
entdecken die Karstwelt der Phang Nga Bay, Individualisten ent-
spannen auf Ko Lanta, und die noch weiter südlich liegenden
Inseln sind fast noch Geheimtipps.

Ko Samui, Ko Phangan und Ko Tao 114

Vor der Ostküste Thailands liegen im südlichen Golf drei
Urlaubsinseln: Mit Traumstränden, Luxushotels und Wellness-
resorts lockt Ko Samui, auf der Nachbarinsel Ko Phangan feiern
Rucksackreisende legendäre Partys am Strand und das kleine Ko
Tao ganz im Norden ist ein Taucherparadies.

Karten

Reiseplanung

Die Reiseregion im Überblick

Der Süden Thailands ist der Traum jedes Badeurlaubers. Schneeweiß oder golden leuchten seine Sandstrände, oft von eindrucksvollen und bizarren Felsformationen gerahmt. Azurblau schimmert das Meer, smaragdgrün manche Insellagune. Luxuriöse Hotelresorts verwöhnen ihre Gäste mit entspannenden Massagen und Wellnessprogrammen, während Individualreisende noch immer preiswerte saubere Unterkünfte finden und die leckere pikante Küche zu Spottpreisen in Garküchen genießen.

Wer nicht nonstop von Deutschland nach Phuket fliegt, landet erst einmal in **Bangkok.** Die Begegnung mit diesem feuchtheißen Stadtmoloch lässt sich durchaus angenehm gestalten. Die wichtigsten Sehenswürdigkeiten, die farbenfrohen Tempel, sind bequem mit Flussfähren und kurzen Spaziergängen zu erreichen. Die Einkaufspaläste sind ohnehin eher zu kühl als zu heiß, und mit dem Skytrain gehen Sie dem infernalischen Verkehr elegant aus dem Weg.

Phuket ist das beliebteste Touristenziel im Süden Thailands. An der Westküste reiht sich ein Urlaubsstrand an den nächsten: Reisende haben hier die Wahl zwischen Jetskis, Phuket Lobster und grellen Bierbars am Strand von Patong und stillen Sonnenuntergängen an einsamen Stränden ganz im Norden, wo noch immer Meeresschildkröten ihre Eier verbuddeln. In Phuket Town empfängt Sie unverfälschtes einheimisches Leben zwischen den Mauern altehrwürdiger sino-portugiesischer Architektur, weiter südlich warten traditionelle Fischerdörfer und im Norden Regenwälder mit kühlen Wasserfällen und singenden Gibbons.

Doch Phuket ist eigentlich nur die größte Insel an der **Andamanenküste** zwischen den Grenzen zu Birma im Norden und Malaysia im Süden. Weit vor der Küste von Khao Lak liegen die Taucherparadiese der Surin und Similan Islands, nordöstlich von Phuket ragen die bizarren Karstfelsen der Phang Nga Bay aus dem türkisgrünen Meer. Abseits der Küste finden Wanderer und Kanuten im Khao Sok National Park östlich von Khao Lak eine herrliche, üp-

Wat Phra Kaeo in Bangkok

An Thailands Stränden sind Händler nie weit

pig grüne Dschungellandschaft – mit der Gelegenheit in einem Baumhaus zu übernachten. Weiter südlich lockt Krabi mit dekorativ von Felsen eingeschlossenen schneeweißen Traumstränden. Trotz neuer Resorts zieht das besonders außerhalb der Hauptreisezeit noch immer recht verschlafene Ko Lanta besonders Individualisten an. Weiter südlich warten noch viele kleine Inseln auf Entdecker. Einige wie Ko Hai und Ko Bulon Le bieten bereits Luxus in verschwiegenen Resorts, andere lediglich einfache Bambushütten. Besonders das Tarutao-Archipel ist (noch) ein Geheimtipp für Traveller und Taucher.

Doch auch der Osten Südthailands hat Sonnenhungrigen viel zu bieten, und das gerade dann, wenn an der Andamanenküste längst Monsunregen niederprasselt. Drei Inseln im südlichen Golf rivalisieren um Ihre Gunst. Für manche schon zu perfekt erschlossen ist **Ko Samui.** Am schönsten Strand dieser Insel erinnern sich Traveller mit Wehmut an die alten Zeiten, als sie hier noch in einfachen Hütten kampierten. Heute reiht sich Resort an Wellnesstempel. Individualisten und junge Urlauber zieht es daher eher nach **Ko Phangan,** und das nicht nur zu den legendären alkohol- und drogengeschwängerten Full Moon Partys. Wer holprige Straßen nicht scheut, findet hier noch immer weitgehend einsame Strände mit Bungalowunterkünften. Taucher nehmen dagegen gleich das Schnellboot zum kleinen **Ko Tao,** denn hier ist die farbenfrohe Unterwasserwelt des Golfs nur eine kurze Bootsfahrt entfernt. Und mit dem Kanu kann man die unbewohnte Inselwelt des Meeresnationalparks **Ang Thong** mit ihren schroffen Klippen und unberührten Stränden entdecken.

Die schönsten Touren

Südthailand und Bangkok in drei Wochen

① **Bangkok › Phuket › Ko Phi Phi › Krabi › Phang Nga Bay › Khao Lak › Similan Islands › Khao Sok National Park › Ko Phangan › Ko Samui › Bangkok**

Dauer:

Bangkok › Phuket ca. 1 Std. Flug oder 12 Std. mit Bus/Bahn; **Phuket › Ko Phi Phi** ca. 2 Std. mit Boot; **Ko Phi Phi › Krabi** ca. 2 Std. mit Boot; **Krabi › Phang Nga Bay** ca. 1½ Std. mit Bus, Bootsausflug mind. 4 Std.; **Phang Nga Bay › Khao Lak** 2 Std. mit Bus; **Khao Lak › Similan Islands** 1½ Std. mit Schnellboot; **Similan Islands › Khao Lak** 1½ Std. mit Schnellboot; **Khao Lak › Khao Sok National Park** 2 Std. mit Bus; **Khao Sok National Park › Ko Phangan** via Suratthani 2 Std. mit Bus und 2 Std. mit Fähre; **Ko Phangan › Ko Samui** 2 Std. mit Fähre; **Ko Samui › Bangkok** 1 Std. Flug oder mind. 12 Std. mit Bus/Bahn.

Verkehrsmittel:

Flüge von Bangkok nach Phuket und Ko Samui kann man kurzfristig in den Reisebüros in Bangkok buchen. Die Angebote von Billigfluggesellschaften (› S. 16) sind zahlreich und werden kräftig beworben. In Deutschland werden auch Gabelflüge (Hinflug nach Phuket, mit Zwischenaufenthalt in Bangkok und Rückflug von Ko Samui über Bangkok) angeboten. Alle Landstrecken können mit öffentlichen Bussen preiswert absolviert werden, Tickets für die Fähren und Schnellboote bekommen Sie kurzfristig am jeweiligen Pier. Organisierte Ausflüge auf die Similan Islands, in den Khao Sok National Park und in die Phang Nga Bay arrangieren auch die Hotels.

‼ An der Andamanenküste ist der Bootsverkehr in der Monsunzeit zwischen Mai und Oktober häufig und auch für längere Zeit unterbrochen, während Sie im Golf mit ruppigen Überfahrten zwischen Juli und November rechnen müssen. Nehmen Sie dann auf keinen Fall ein Schnellboot, sondern immer nur die sicheren Fähren.

Traumhafter Blick vom Aussichtspunkt über Ko Phi Phi

Nehmen Sie sich vier Tage Zeit für **Bangkok** › S. 44, lernen Sie die berühmte Tempelanlage ***Wat Phra Kaeo** › S. 50 mit dem **Großen Palast kennen, bewundern Sie die historischen Buddhas im nahen **Nationalmuseum** › S. 52, genießen Sie eine traditionelle Thai-Massage im **Wat Pho** › S. 53 mit seinem Ruhenden Buddha und erleben Sie den magischen Anblick des **Wat Arun** › S. 54 bei Sonnenuntergang. Nehmen Sie den abendlichen Trubel von Patpong › S. 57 und auf der Amüsiermeile Sukhumvit mit Humor, bummeln Sie durch Chinatown › S. 55 und die luxuriösen Einkaufstempel rund um den Siam Square › S. 57. Einen Tag sollten Sie für einen Bootsausflug auf dem Chao Praya zur erhabenen Ruinenstätte ***Ayutthaya** › S. 58 reservieren. Entdecken Sie mit einem Longtail-Boot die Klongs von Thonburi › S. 53, und sollten Sie am Wochenende in Bangkok sein, ist der Besuch des **Chatuchak-Markts** › S. 67 ein absolutes Muss.

Am fünften Tag fliegen Sie nach **Phuket** › S. 68, wo Sie sich mindestens drei Tage gönnen sollten, stürzen sich in den Trubel von Patong, genießen die besonders schönen Strände von Surin, Bang Tao und Nai Harn, entdecken die sino-portugiesische Architektur von *Phuket Town › S. 86 und erfrischen sich im Wasserfall des *Khao Phra Taeo National Park › S. 84, in dem frühmorgens der Gesang der ausgewilderten Gibbons erschallt. Taucher werden vom Schnellbootausflug auf die **Similan Islands** › S. 96 schwärmen.

Am achten Tag nehmen sie am Morgen das Schnellboot nach *Ko Phi Phi › S. 106, genießen einen weiteren Strandtag und bewundern die Postkartenaussicht. Nach einer Übernachtung dort gehört der neunte Tag der wunderschönen Nachbarinsel **Ko Phi Phi Le** › S. 106. Am zehnten Tag geht's mit dem Schnellboot nach **Krabi** › S. 103, um die einmalige Szenerie der Traumstrände *Rai Leh Beach › S. 103 und

Phra Nang Beach ❯ S. 103 zu erleben. Zwei Tage sollten es hier wenigstens sein. Am zwölften Tag geht es frühmorgens durch eine einmalige Karstlandschaft nach Phang Nga, um die Märchenwelt der *****Phang Nga Bay ❯ S. 101 im Morgenlicht zu bestaunen. Am Nachmittag fahren Sie mit dem Bus weiter in den ****Khao Sok National Park** ❯ S. 100. Dort kommen Sie noch rechtzeitig an, um den herrlichen Sonnenuntergang zu erleben und in einem komfortablen Baumhaus zu schlafen. Den dreizehnten Tag verbringen Sie dort mit einer Wanderung oder Kanufahrt.

Wenn Ihnen nur zwei Wochen zur Verfügung stehen, fahren Sie am nächsten Tag mit dem Bus zurück zum Flughafen von Phuket. Ansonsten verbringen Sie die dritte Woche auf den Inseln vor der Golfküste. Vom Khao Sok National Park sind es mit dem Bus nur zwei Stunden zum Fährhafen Suratthani. Dort setzen Sie über nach ****Ko Phangan** ❯ S. 128. Genießen Sie die entspannte Atmosphäre auf dieser »Aussteigerinsel« und mit etwas Glück erleben Sie eine der legendären Vollmondpartys (ersatzweise gibt's auch Halbmond- und Neumondpartys). Tauchfans werden sich das nächste Boot suchen und die meiste Zeit auf der kleinen Insel ***Ko Tao** ❯ S. 131 im Norden verbringen. Wer perfekte touristische Infrastruktur schätzt, ist dagegen am schönen Chaweng Beach von ****Ko Samui** ❯ S. 118 gut aufgehoben.

Zwei Wochen Inselhüpfen an der Andamanenküste

━❷━ Phuket ❯ Phang Nga Bay ❯ Krabi ❯ Ko Phi Phi ❯ Ko Lanta ❯ Ko Lipe ❯ Phuket

Dauer:
Phuket ❯ Phang Nga Bay 1½ Std. mit Bus; **Phang Nga Bay ❯ Krabi** 1½ Std. mit Bus; **Krabi ❯ Ko Phi Phi** 2 Std. mit Fähre; **Ko Phi Phi ❯ Ko Lanta** 2 Std. mit Fähre; **Ko Lanta ❯ Ko Lipe** 5 Std. mit Schnellboot; **Ko Lipe ❯ Phuket** 1 Tag mit Boot oder Bus.

Verkehrsmittel:
Schnellboote, Fähren, Longtails. Für die Landstrecken öffentliche Busse.

🚫 In der Monsunzeit zwischen Mai und Oktober sind viele Bootsverbindungen über Wochen unterbrochen. Beschränken Sie dann ihre Unternehmungslust auf Krabi und Ko Lanta; beide Ziele sind von Phuket mit dem Bus zu erreichen.

Märchenhafte Kulisse aus Karstfelsen bei Krabi

Den Flug von Deutschland nach **Phuket › S. 68 können Sie beden-
kenlos auch ohne Pauschalangebot buchen. Nach drei Tagen Aufenthalt
geht es auf Vagabundentour durch die südliche Andamanensee. Starten
Sie also am vierten Tag frühmorgens, um die Welt der Hongs (Lagunen)
in der ***Phang Nga Bay › S. 101 im Morgenlicht zu erleben. Alternativ fahren Sie erst am Nachmittag los, denn auch ein Ausflug mit dem
Longtail-Boot in die im Sonnenuntergang erglühende Bucht ist ein
wunderbares Erlebnis. **Krabi › S. 103 erreichen Sie trotzdem noch
am Abend, doch falls es zu spät wird, finden Sie in Phang Nga einfache
Unterkünfte. Nach einem Tag an den dramatisch schönen Felsensträn-
den nehmen Sie am sechsten Tag das Boot nach *Ko Phi Phi › S. 106,
genießen dort das Strand- und Partyleben und knipsen tolle Fotos vom
Viewpoint bei Sonnenuntergang. Frühaufsteher schwimmen am nächsten Morgen schon vor Anrücken der großen Ausflugsboote in den smaragdgrünen Lagunen von **Ko Phi Phi Le › S. 106. Jedes Longtail-
Boot bringt Sie dorthin, auch um 6 Uhr morgens. Am achten Tag
genießen Sie in aller Frühe vom Viewpoint den Postkartenblick über Ko
Phi Phi noch einmal, jetzt im Morgenlicht, dann startet um 11.30 Uhr
ein Expressboot nach **Ko Lanta › S. 108. Reservieren Sie sich drei
Tage für einen erholsamen Strand- und Tauchurlaub. Am elften Tag
fahren Sie um 10 Uhr per Schnellboot nach *Ko Lipe › S. 113 im
Tarutao-Archipel ganz im Süden Thailands. Am Nachmittag kommen

Traumstrand im Tarutao-Archipel

Sie an: noch genügend Zeit für das erste Bad am schneeweißen Pattaya Beach, wo Sie auch Unterkunft finden. Am zwölften Tag können Sie faulenzen oder einen Wanderausflug auf die Nachbarinseln **Ko Adang** › S. 113 oder zur größeren **Ko Tarutao** › S. 112 unternehmen. Am dreizehnten Tag nehmen Sie um 9 Uhr das Speedboot zurück nach Ko Lanta, das nur drei Stunden benötigt. Die Rückkehr nach Phuket erfolgt dann entweder per Minibus in etwa fünf Stunden oder mit dem Expressboot über Ko Phi Phi in etwa vier Stunden.

Touren in der Region

Touren	Region	Dauer	Seite
Bangkok kompakt	Bangkok	2 Tage	46
Zwei Zusatztage Bangkok	Bangkok	2 Tage	47
Kreuz und quer über Phuket	Phuket	1 Tag	69
Nördliche Andamanenküste für Seenomaden	Andamanenküste	4 Tage	91
Island Hopping an der südlichen Andamanenküste	Andamanenküste	mind. 1 Woche	93
Rund um Ko Samui	Ko Samui, Ko Phangan, Ko Tao	1 Tag	115
Rund um Ko Phangan	Ko Samui, Ko Phangan, Ko Tao	1 Tag	117

Klima und Reisezeit

Im Süden Thailands herrscht **tropisches Klima** mit Tagestemperaturen von 27 bis 30 °C, und eine schweißtreibende Luftfeuchtigkeit von 90 bis 98 % ist keine Seltenheit. Das Meer hat Temperaturen um 27 °C.

Die heißesten Monate sind April und Mai, besonders in Bangkok macht Sightseeing dann bei bis zu 40 °C wenig Spaß. An der Küste dagegen weht stets eine angenehme Brise. Die »kühlste« und trockenste Jahreszeit liegt zwischen November und Februar/März – der Urlauberhochsaison in Thailand.

Obwohl es im tropischen Süden viel regnet, ist an Thailands Küsten eigentlich immer Reisezeit, je nachdem wo gerade Monsun ist. Und Regenzeit bedeutet nicht, dass der Urlaub buchstäblich ins Wasser fällt – es regnet zwar sintflutartig, aber meist hört es nach ein bis zwei Stunden auch

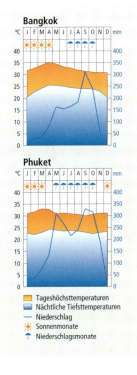

wieder auf. In der Hauptstadt gibt es in der Regenzeit zwischen Mai und Oktober immer wieder heftigere Überschwemmungen.

Auf der Malaiischen Halbinsel bilden die thai-birmanische Bergkette und die Berge um den Khao Sok und Khao Luang eine Wetterscheide zwischen den beiden Küsten und sorgen für **unterschiedliche Regenzeiten:** Von Mai bis September/Oktober geht der Südwestmonsun auf die Westküste (Phuket, Krabi, Ko Lanta) nieder, mitunter so heftig, dass die Bootsverbindungen zu den vorgelagerten Inseln wochen- oder gar monatelang unterbrochen sind. Dann ist dort auch das Baden wegen Unterwasserströmungen und hohen Wellen gefährlich.

In diesen Monaten ist es dafür an der Ostküste der Malaiischen Halbinsel (Ko Samui, Ko Phangan) so richtig schön. Dort bringt erst der Nordostmonsun ab Oktober bis Januar/Februar heftige Regenfälle und Stürme.

Anreise

Bangkok wird von allen großen Fluggesellschaften angeflogen, darunter Lufthansa, Austrian Airlines und Thai Airways. Air Berlin und Condor fliegen auch direkt nach Phuket. Verbindungen nach Bangkok, Phuket und Ko Samui gibt es auch ab Singapur, Penang (Malaysia) und Hongkong (Bangkok Airways, Thai Airways, Singapore Airlines). Je nach Abflugort beträgt die Flugzeit nach Thailand 10–15 Stunden.

Reisen im Land

Mit dem Flugzeug

Thai Airways (www.thaiair.com) fliegt regelmäßig Phuket, Krabi und Suratthani (Ko Samui) an. Bangkok Airways (www.bangkokair.com) fliegt von Bangkok nach Phuket und Ko Samui sowie zwischen beiden Inseln.

Die neuen Billig-Airlines Air Asia (www.airasia.com), Orient Thai (www.flyorientthai.com), Phuket Air (www.phuketairlines.com) und Nok Air (www.nokair.co.th) verbinden Bangkok mit Phuket und vielen weiteren Flughäfen im Land. Zu konkurrenzlos niedrigen Preisen bucht man sie am besten übers Internet oder direkt am Flughafen.

Bangkoks Bahnhof Hua Lamphong

Mit der Eisenbahn

Züge sind zwar langsamer und etwas teurer als Busse, dafür aber bequemer und sicherer. Es gibt verschiedene Klassen und Geschwindigkeiten, am empfehlenswertesten sind die Nachtabteile in der 2. Klasse der Schnellzüge: Im Handumdrehen verwandeln sich zwei gegenüberliegende Sitzplätze in ein bequemes Nachtquartier mit sauberem Bettzeug (Etagenbett, Abteil klimatisiert oder mit Ventilator). Rechtzeitige Buchung ist besonders für Nachtzüge, an Feiertagen und in den thailändischen Ferien zu empfehlen. Für den Weitertransport von den Bahnhöfen in kleinere Orte sorgen meist die Songthaeos genannten Pick-ups (Sammeltaxen mit Querbänken, z.T. mit festgelegten Routen), Minibusse oder Tuk-Tuks. Zwischen Singapur und Bangkok kann man eine luxuriöse, allerdings nicht billige Reise mit dem nostalgischen Eastern & Oriental Express unternehmen (www.orient-express.com).

Fähren auf Ko Samui

Mit dem Bus

Der Reisende hat die Wahl zwischen spottbilligen lokalen Bussen, die auf Handzeichen quasi an jedem Imbissstand anhalten und daher nicht besonders schnell sind, und den blauen klimatisierten Bussen mit Toilette, die nur wenig teurer sind. Noch bequemer sind die V.I.P.-Busse, die sich besonders für lange Nachtfahrten eignen: Getränkeservice, Imbiss und (thailändische) Videos sind hier oft inklusive.

Mit Fähren und Schnellbooten

Zwischen den meisten Urlauberinseln verkehren mehrmals täglich Expressboote, Schnellboote bzw. Autofähren. In den Monsunzeiten sind einige Verbindungen gänzlich eingestellt oder eingeschränkt. Wer die kleinen Inseln in der Andamanensee (Ko Bulon Le, Ko Tarutao, Ko Hai, Ko Muk usw.) besuchen möchte, sollte dies nicht gerade in der Monsunzeit versuchen, da es sehr zeitraubend sein kann. Schiffsverbindungen finden Sie im Reiseteil im Anschluss an die einzelnen Orte.

Mit dem Mietwagen und Motorrad

Wer Thailand im eigenen Fahrzeug bereisen will, braucht einen internationalen Führerschein. Die meisten Straßen sind gut ausgebaut und englisch beschildert – nur in der tiefen Provinz könnten Ihnen Thai-Schriftzeichen Rätsel aufgeben. Jeeps und klimatisierte Kleinwagen können in Bangkok und praktisch allen Urlaubsorten gemietet werden, z.T. auch nur für einfache Strecken. Für Zweiräder gilt Helmpflicht.

⚠ Immer wieder kommt es zu schweren, oft sogar tödlichen Unfällen von Urlaubern, die ungeübt und ohne Schutzkleidung Motorrad fahren, auffällig häufig auf den Inseln Ko Samui und Phuket. Die Gründe liegen im gewöhnungsbedürftigen Linksverkehr, dem teils kamikaze-artigen einheimischen Fahrstil und dem allgegenwärtigen Getier auf der Fahrbahn. Es gibt in Thailand keinerlei Versicherung für Zweiräder. Kommt es zu einem Unfall, zahlt fast immer der Ausländer!

Unterwegs mit Kindern

Thais sind ausgesprochen kinder-lieb und hilfsbereit. In den Restaurants kümmert man sich rührend um die Kleinen, ist recht nachsichtig, wenn sie etwas herumtoben, und bereitet ihnen gerne extramilde Gerichte zu. Kinder unter 12 Jahren zahlen in der Regel nichts, wenn sie im Zimmer ihrer Eltern schlafen. Eine kleine Gebühr kann für ein spezielles Kinderbett fällig werden. Jedes bessere Resort hat verlässliche Babysitter an der Hand, und oft gibt es besonders kinderfreundliche Poolabschnitte fürs unbeschwerte Planschen. Urlaub auf Phuket oder Ko Samui ist für Kinder ideal, wenn Sie ein Quartier wählen, bei dem keine Straße das Hotel vom Strand trennt. Vermeiden Sie in Patong wenigstens den Mittelabschnitt des Strandes, dessen sehr offene Rotlichtszene ohnehin kaum für Familien geeignet ist.

Denken Sie an die Auffrischung von Impfungen (Empfehlungen für den Impfschutz im Internet auf www.fit-for-travel.de). Eine Malariaprophylaxe ist nicht erforderlich. Mietwagen haben in Thailand so gut wie nie kindergerechte Sitze, Taxis oft noch nicht mal Sicherheitsgurte. Buggys können Sie auf den verstopften und holprigen Bürgersteigen Bangkoks vergessen: Nehmen Sie lieber ein Tragetuch mit. Beim Inselhüpfen sollten Sie Rettungswesten für Kinder billig vor Ort erstehen: Auf den Booten gibt es meist keine. Vor Ort sind Windeln und Babynahrung in jedem Seven Eleven Shop erhältlich, allerdings in der Regel nicht die bevorzugte Marke. Kinderkleidung wird in Thailand hergestellt und ist oft spottbillig. Beruhigend zu wissen: Die medizinische Versorgung auf Phuket und Ko Samui ist vorzüglich.

Das könnte Kindern gefallen

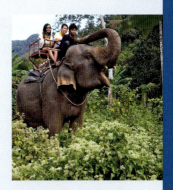

■ **Strandfreuden:** Viele Strände Südthailands sind wahre Kinderträume. Auf Phuket sind Bang Tao❯ S. 79, Kata Noi ❯ S. 76 und Karon ❯ S. 75 besonders geeignet, auf Ko Samui ❯ S. 118 die weichen feinsandigen Hauptstrände. Ko Phangan ❯ S. 128 ist bislang noch eher auf Singles und junge Paare eingestellt. Auf Ko Lanta empfiehlt sich der flache und breite Klong Dao Beach❯ S. 108. Viele Tauchcenter unterrichten auch Kinder: Das »Bubblemaker-Programm« können schon Achtjährige mitmachen.

■ **Elefantenreiten:** Exkursionen auf dem Rücken dieser Riesendickhäuter werden überall angeboten, wo auch Touristen zu finden sind, und Ritte durch den kühlen Wald im Nordosten Phukets werden Kinder sicher begeistern ❯ S. 89. Auf Ko Samui sind Touren durch den Urwald zu den Wasserfällen von Na Muang besonders tier- und kinderfreundlich. Auch in Krabi und auf Ko Lanta können Kinder die gutmütigen grauen Riesen hautnah kennenlernen. Verzichten Sie aber unbedingt auf Ritte am Strand und in praller Sonne – das ist für den Menschen kein Vergnügen und für die Tiere noch viel weniger.

■ **Shows und Abenteuerparks:** Die grandiose wie aufwendige Show von Phuket FantaSea ❯ S. 81 fasziniert auch Kinder, wahrscheinlich besonders die Tiger und die Pyrotechnik. Auch die im Thai Village/Orchid Garden ❯ S. 81 gezeigten Schwertkämpfe und das (entschärfte) Thai-Boxen sind aufregend. Im Camp Laguna am Bang Tao Beach❯ S. 79, ebenfalls auf Phuket, gibt es ein Dschungelgelände mit Abenteuerspielplatz. Auf Ko Samui bietet der Namuang Safari Park jede Menge Abenteuertouren und verschiedene Shows mit Elefanten, Krokodilen und Affen. Auf Bangkoks Chatuchak-Markt ❯ S. 67 gibt es ein interessantes interaktives Children's Discovery Museum.

■ **Aquarien:** Haie, Meeresschildkröten und zahllose bunte Korallenfische kann man im Samui Aquarium auf dem Gelände des Samui Orchid Resorts (www. samuiorchid.com) auf Ko Samui und in Phukets Aquarium an Cape Panwa ❯ S. 83 bewundern. Viel größer ist jedoch das phänomenale Aquarium der Siam Ocean World ❯ S. 57 in Bangkok (www.siamoceanworld.com, tgl. 10–20 Uhr). Sogar durch einen richtigen Regenwald kann man dort spazieren.

Sport und Aktivitäten

Viele Urlauber kommen in erster Linie zum Baden und Sonnenbaden nach Südthailand. Suchen Sie sich in diesem Fall die besten Reisezeiten aus, um die Regenzeit zu vermeiden (❯ S. 15). Ihr Sonnenschutzmittel sollte einen sehr hohen Lichtschutzfaktor haben. Behalten Sie beim Schnorcheln auf jeden Fall ein T-Shirt an, bei empfindlichen Personen können auch lange Hosen einen Sonnenbrand verhindern.

Tauchen und Schnorcheln

Südthailand bietet Tauchreviere von Weltklasse. Rötliche Fächerkorallen wiegen sich sanft in der Strömung, grellbunte Schwarmfische huschen durch Riffspalten, getüpfelte Leopardenhaie dösen am Meeresgrund und gelegentlich schwebt mit elegantem Flügelschlag ein Manta vorbei. Informationen über Kurse, Touranbieter und die schönsten Reviere im Special Tauchen ❯ S. 98. Adressen von Tauchschulen finden Sie außerdem bei den Orts- und Inselbeschreibungen unter der Rubrik Aktivitäten.

Oft können Schnorchler auch bei Tauchausfahrten mitfahren. Die organisierten Massenschnorchelausflüge, die zahlreich angeboten werden, sind mit Vorsicht zu genießen. Die Organisatoren steuern seit Jahren die gleichen Riffe an, werfen den Anker mitten in die einst bunte Pracht und schicken die Schnorchler ohne Einweisung und mit schlechter Ausrüstung ins Wasser – wo die Unwissenden dann zur Verschnaufpause auf den Korallenstöcken Fuß fassen.

Schnorchler finden viele geeignete Plätze

Windsurfen, Katamarane, Paragliding, Wasserski

Vor allem an den Stränden von Patong auf Phuket und auf Ko Samui können Sie windsurfen, Katamaran segeln und beim Paragliding übers Meer in die Luft gehen. Gefährlich wird es, wenn Sie per Ski oder Scooter über das Wasser flitzen – es kommt immer wieder zu tödlichen Unfällen.

Segeln

Paradies für Wassersportler: Phuket

Die vielen kleinen Inseln der Andamanensee bieten ein sehr abwechslungsreiches Segelrevier. Beste Zeit ist bei Nordostmonsun im Winter. Auf Segeltörn – ob als Tagestour oder weiter nach Malaysia – begibt man sich am besten von Phuket aus: Diverse Anbieter von Jachten und Kuttern finden sich im Jachthafen. Der größte und beste Anbieter in Thailand (auch Segeln auf den Dschunken »Suwan Macha« und »June Bahtra«) ist Thai Marine Leisure auf Phuket (www.asia-marine. net). Sie können Ihren Segelurlaub durch die thailändische Inselwelt aber natürlich auch bereits in Deutschland buchen, z.B. bei Scansail (www.scansail.de).

Kanutouren

Ein Kanutrip von Phuket in die bizarre Phang Nga Bay kann in fast jedem Reisebüro der Insel oder direkt beim Veranstalter gebucht werden. Höhlen, die nur bei Ebbe befahrbar sind, Klippen, Mangroven-dschungel und Gezeitenflüsse – Bucht und Küste von Krabi bieten eine tolle Kulisse. Geheimnisvoll sind die Hongs, stille Lagunen innerhalb der Inseln, die nur über Höhlengänge mit der Außenwelt verbunden sind. Nur bei richtigem Wasserstand kann man die Gänge mit dem Kanu befahren. Die meisten Veranstalter haben Tagestrips im Programm. Mehrtägige Touren finden sich im Angebot des hoch gelobten Veranstalters Sea Canoe (www.seacanoe.net). Pionier dieser Touren ist der zuverlässige Veranstalter John Gray's Sea Canoe (www.johngray-seacanoe.com) in Phuket.

Dschungelwanderungen

Ein ideales Revier auch für mehrtägige Wanderungen und Abenteuer-treks ist der 646 km^2 große **Khao Sok National Park**, der gut von Khao Lak aus erreichbar ist. Ab Khao Lak bzw. Phuket werden 1- bis 2-tägige Touren angeboten, z.B. von Phuket Union Travel (www.phuket-union. com).

Golf und Reiten

Phuket besitzt gleich zwei renommierte und sehr schöne Golfanlagen: den **Blue Canyon Country Club** (www.bluecanyonclub.com) und **Mission Hill** (www.missionhillsphuket.com). Reiten an den Stränden von Phuket bietet der **Phuket Laguna Riding Club** (phuket_horse club@yahoo.com); die Stunde kostet 500–700 Baht. Auch **Elefanten-ritte** durch kühle Wälder sind möglich. Derartige Gelegenheiten bieten sich auch im Khao Sok National Park. Elefantenritte an Stränden oder in Plantagen sind inakzeptabel – die Dickhäuter leiden dabei enorm.

Felsklettern

Felsklettern ist in **Krabi** und am **Rai Leh Beach** › S. 105 groß in Mode. Auch Ko Phi Phi lockt mit abenteuerlichen Klettersektoren. Gute Online-Portale für Kletterfreunde in Krabi sind Hot Rock (www.railay adventure.com) und King Climbers (www.railay.com).

Meditation

Die hohe Schule der Meditation können Sie in Thailand wunderbar erlernen – angefangen bei den richtigen Sitz-, Geh- und Stehtechniken bis zum Atemtraining. Während der etwa 10-tägigen Kurse in Bang-koks Wat Mahathat besteht allerdings Lese-, Schreib- und Redeverbot, das nur während der Belehrungen aufgehoben ist. Man übernachtet in einfachen Einzelzimmern.

International Buddhist Meditation Centre
Wat Mahathat, Bangkok][26/9 Soi 15, Lat Phrao Rd.][Tel. 0 2623 5881
www.mcu.ac.th/IBMC
Meditation jeden 2. und 4. Samstag jeweils von 15 bis 17 Uhr.

Unterkunft

Bungalow auf Ko Samui

Von der einfachen, denkbar schlichten Hütte am Strand bis zur luxuriösen Villa mit eigenem Butler – jeder wird eine passende Bleibe finden. Luxushotels (Mini-mum 3000 Baht) finden Sie ins-besondere auf Phuket und Ko Samui, in Krabi, Khao Lak und Bangkok. Mittelklassehotels zwi-schen 1000 und 3000 Baht bieten einen vergleichsweise hohen Stan-dard mit reichlich Komfort. Hotels unter 1000 Baht entspre-chen nicht immer den europäi-schen Erwartungen hinsichtlich

Ausstattung, Sauberkeit und Service. Für diesen Preis finden Sie aber an vielen Stränden schöne Bungalows. Preisgünstige Anlagen haben oft weder Warmwasser noch Klimaanlage, und kleinere unerwünschte Mitbewohner sind ohne chemische Keule oft nicht zu vermeiden. Über die kleinen, niedlichen *ging jok*, die über Wände und Decken huschen, sollten Sie sich freuen: Die Geckos vertilgen mit Vorliebe die lästigen Mücken und verschaffen Ihnen Ruhe vor den nervigen Plagegeistern. In den meisten Nationalparks gibt es einfache Unterkünfte mit Kaltwasser sowie Campingflächen mit oder ohne Zelt. Eine Reservierung beim Royal Forest Department (www.forest.go.th) wird v.a. an Wochenenden und Feiertagen empfohlen.

Die meisten Hotels erheben einen Zuschlag von 17 % für Steuern und Service. Preisgünstiger wird es häufig, wenn Sie über ein Bangkoker oder ausländisches Reisebüro buchen. Unbedingt rechtzeitig reservieren sollten Sie für Ihren Weihnachtsurlaub, und auch während des Chinesischen Neujahrsfests und Songkran › S. 37 ist frühzeitiges Buchen nicht verkehrt. In der Nebensaison lohnt es sich, nach einem Preisnachlass zu fragen – egal in welcher Kategorie, telefonisch oder auch wenn Sie schon vor Ort im Hotel stehen. Rezeptionisten sind allerdings eher störrisch, da sie Provisionen erhalten. Die günstigsten Tarife bekommen Sie fast immer im Internet.

Wohnen mit Stil

- **Chakrabongse House** in Bangkok bietet drei luxuriöse Villen in einem ehemaligen königlichen Palast am Ufer des Chao Praya mit herrlichem Garten › S. 60.

- **The Eugenia** ist eine besonders charmante Villa im Kolonialstil mit 12 romantischen Suiten in Bangkoks Sukhumvit Rd. › S. 60.

- **Trisara** an Phukets bezauberndem Nai Yang Beach bietet Luxus pur mit privaten Infinity-Pools und himmlischen Betten › S. 84.

- **The Sarojin** setzt mit seiner japanisch inspirierten Gartenanlage und edlen Zimmern neue Maßstäbe an den Stränden von Khao Lak › S. 94.

- **Nature Resort** bietet Urwaldunterkunft in romantischen Baumhäusern mitten im Khao Sok National Park › S. 101.

- **Rayavadee Villas** bezaubert mit luxuriösen Pavillons zwischen Rai Leh und Phra Nang, Krabis schönsten Stränden › S. 104.

- **Pimalai Resort** ist ein exquisites Verwöhnhotel mit Infinity-Pool am Ba Kan Tiang Beach von Ko Lanta › S. 110.

- **The Library** bietet minimalistisches Zen-Design und jede Menge Luxus am berühmten Chaweng Beach von Ko Samui › S. 118.

- **The Saboey** entführt in eine marokkanisch-asiatische Traumwelt mit Infinity-Pool am Big Buddha Beach von Ko Samui › S. 121.

- **View Point Resort** auf Ko Tao besticht mit seinem balinesischen Stil und der tollen Aussicht › S. 132.

Land & Leute

Thailand

Bevölkerungswachstum: 0,65 %
Amtssprache: Thai
Landesvorwahl: 0066
Währung: Baht
Zeitzone: MEZ +6 Std. (während der europäischen Sommerzeit +5 Std.)

Fläche: Thailand gesamt 514 000 km² (Phuket 570 km², Ko Samui 247 km²)
Hauptstadt: Bangkok
Staatsform: Konstitutionelle Monarchie
Einwohner: 69 Mio., davon 80 % ethnische Thais

Lage und Landschaft

Thailands geografische Umrisse erinnern an einen Elefantenkopf. Den Rüssel bildet die Malaiische Halbinsel im Süden. Die beschriebenen Urlaubsgebiete erstrecken sich von 7° bis 14° nördlicher Breite sowie von 98° bis 100° östlicher Länge. Die Hauptstadt Bangkok liegt in der fruchtbaren Zentralebene – der Reisschüssel des Landes. Rund 2600 km lang ist die Küstenlinie, und an der schmalsten Stelle, dem Isthmus von Kra, gerade einmal 13 km breit – auf der einen Seite der Golf von Thailand, auf der anderen die Andamanensee, und überall unendlich weite Sandstrände. Entlang der Küste reihen sich Fischerdörfer, umgeben von Reisfeldern, Kautschukwäldern mit bis zu 30 m hohen Bäumen und Obstplantagen.

Die Westküste der Halbinsel wird beherrscht von der birmanisch-thailändischen Bergkette, dem Tenasserim-Gebirge, und schroffen Kalksteinfelsen, die in Jahrmillionen in den bizarrsten Formen aus dem Meer wuchsen. An der Westküste, bei Phuket, Ko Phi Phi und Khao Lak, schlug der Tsunami am 26.12.2004 am grausamsten zu.

Etwa in der Mitte der Malaiischen Halbinsel konnte sich im Khao Sok National Park originärer Regenwald behaupten. Die dschungelartige Vegetation besteht hier noch aus mächtigen Baumriesen, deren Wipfel weit über die niedrigeren, oft undurchdringlichen Wälder aus Bambus und Rattan ragen.

Bevölkerung

Zahlreiche Südthailänder stammen von Chinesen ab, die sich schon vor Jahrhunderten als Händler in Thailand niederließen und heute zu den wohlhabendsten Einwohnern gehören, v.a. auf Phuket. Ihre über Generationen vererbten Traditionen haben dort Tempelarchitektur, Glauben, Feste und auch die Küche geprägt.

Auffällig unterscheiden sich die malaiischstämmigen Bewohner von ihren Landsleuten im Norden: Im südlichsten Zipfel Thailands bekennen sich mehr als 90 % der Bevölkerung zum Islam. Erst in den 1980er-Jahren machte man der islamischen Bevölkerung Zugeständnisse: So ist der zweisprachige Unterricht (Thai/Yawi) in den südlichen Provinzen eingeführt worden, und viele Projekte sollen den Lebensstandard verbessern. Seit einigen Jahren sorgen Extremistengruppen mit Bombenattentaten in den südlichsten Provinzen für Unruhe.

Zu den ethnischen Randgruppen in Südthailand gehören auch die Chao Le. Der Ursprung der sogenannten Seenomaden ist unklar – wahrscheinlich kamen sie im ersten Jahrtausend vom indonesischen Archipel in die Gegend um Phuket. Heute leben noch rund 20 000 der teils rothaarigen Fischer in der Andamanensee, auf den Inseln Phuket und Lanta sowie in der Gegend um Takua Pa.

Umgangsformen

Gesichtsverlust gilt in Thailand als eine der schlimmsten Peinlichkeiten, und zwar für beide Seiten. Selbst wenn Sie sich über Verspätungen und kleine Gaunereien ärgern: Zügeln Sie Ihr westliches Temperament und versuchen Sie sich in buddhistischem Gleichmut und Geduld zu üben. Zum Ziel führen dagegen ein Lächeln und freundliche Worte.

Bevor Sie das Heiligtum eines buddhistischen Tempels betreten, müssen Sie die Schuhe ausziehen und den Hut bzw. Sonnenhut abnehmen. Moscheen dürfen häufig nur von Männern und mit bedecktem Kopf betreten werden. Trägershirts, Miniröcke, Shorts (für beide Geschlechter) sind in einem Gotteshaus oder königlichen Palast verboten. Verzichten Sie darauf, auf religiösen Statuen für ein Foto zu posieren. Auch die Füße, in der thailändischen Sittenlehre der unreinste Körperteil, sollten weder auf Buddhafiguren noch auf Menschen zeigen.

Thais legen den allergrößten Wert auf anständige und angemessene Kleidung. Oben ohne ist in Thailand landesweit verboten.

Die Thais begrüßen sich meist mit dem Vornamen und dem *wai*: Beide Handflächen sind vor der Brust oder Nase aneinander gelegt, dann folgt eine Verbeugung. Je verehrter das Gegenüber, desto höher die Hände und desto tiefer die Verbeugung. Kritik an der hochverehrten Königsfamilie fasst jeder thailändische Gesprächspartner als Beleidigung auf.

Geschichte im Überblick

Ab 1. Jh. n. Chr. Die ersten indischen Händler und Seefahrer bringen die Kunst und Religion aus ihrer Heimat mit: Der Buddhismus gelangt von Ceylon aus nach Thailand und löst allmählich den Hinduismus ab.

3.–6. Jh. Das älteste asiatische Reich, Funan, herrscht in Südostasien, vermutlich mit Zentrum in Zentralthailand.

7.–13. Jh. Ab dem 7. Jh. etabliert sich auf der Malaiischen Halbinsel das Srivijaya-Reich, dessen Einflusssphäre vom indonesischen Archipel (Sumatra) bis zum Isthmus von Kra reicht.

13.–14. Jh. In Sukhothai wird 1238 das erste historisch belegte Königreich der Thais auf thailändischem Boden gegründet. Hier entwickeln sich die thailändischen Künste, der König führt das thailändische Alphabet ein. Im Süden unterhält das unabhängige Königreich von Nakhon Si Thammarat gute Beziehungen zu den Sukhothai-Königen.

1350 König Ramathibodi gründet das mächtige Reich Ayutthaya und besetzt 26 Jahre später Sukhothai. Er übernimmt das Gottkönig-Prinzip der Khmer.

1431 Ayutthaya weitet seinen Machtbereich mit der Eroberung des Khmer-Reiches von Angkor nach Osten aus und beherrscht schließlich im 16. und 17. Jh. weite Teile Indochinas und Hinterindiens.

1767 Der Erzfeind Birma brennt Ayutthaya fast vollständig nieder. Schon ein Jahr später vertreibt General Thaksin die Invasoren und gründet in Thonburi am Westufer des Chao Phraya die neue Hauptstadt. Die Gouverneure im Süden behalten eine weitreichende Autonomie vom Königreich.

1782 General Chao Phraya Chakri wird zum neuen König und Begründer der Chakri-Dynastie, deren 9. Rama noch heute herrscht. Bangkok wird Hauptstadt.

1851–1868 König Mongkut (Rama IV.) bewahrt das Königreich vor französischer und britischer Kolonialherrschaft und führt Reformen durch. Siam bleibt als einziges südostasiatisches Land frei.

1868–1910 König Chulalongkorn erreicht 1896 die Zusicherung immerwährender Neutralität durch Frankreich und England. Seine Besuche in Europa, u.a. bei Bismarck, veranlassen ihn zu bedeutenden Reformen wie der Abschaffung der Sklaverei und der Einführung des westlichen Schul- und Rechtssystems. Die unabhängigen südlichen Provinzen Thailands fallen unter stärkere Kontrolle Bangkoks.

1932 Ein Militärputsch erzwingt die konstitutionelle Monarchie, die politische Macht des Königs ist damit weitgehend beschränkt.

1939 Siam wird umbenannt in Prathet Thai (Thailand), das »Land der Freien«.

1946 Bhumiphol Adulyadej übernimmt als Rama IX. die Nachfolge seines ermordeten Bruders Ananda. In den folgenden Jahrzehnten wechseln sich diverse Militärregierungen ab.

1973 Als Studenten im Herbst 1973 auf die Straße gehen, lässt General Kittikachorn auf sie schießen, rund 70 Menschen sterben. Massenunruhen führen zum Sturz des Regimes.

1976 Nach einem Militärputsch fliehen Studenten und Oppositionelle als kommunistische Rebellen in den Untergrund.

1991/92 Nach erneutem Staatsstreich und der Ernennung von General Suchinda zum Premierminister kommt es im Mai 1992 zu blutigen Demonstrationen. Suchinda muss abtreten.

1997/98 Thailand wird Auslöser und erstes Opfer der Asien-Krise; in wenigen Monaten verliert der Baht die Hälfte seines Wertes.

2001 Die erst Ende 1998 gegründete Partei Thai Rak Thai (»Thais lieben Thais«) kann einen überwältigenden Wahlerfolg für sich verbuchen. Der umstrittene Multimillionär Thaksin Shinawatra wird Premierminister (2005 bestätigt), verstrickt sich aber in Amtsmissbrauch und Vetternwirtschaft.

2004 Am 26. Dezember fordert ein Tsunami an der Andamanenküste Tausende von Todesopfern und verwüstet weite Teile der Küste.

2006 Anfang des Jahres erzwingen Demonstrationen gegen Thaksin Neuwahlen, die Thaksin erneut »gewinnt«. Im September übernimmt das Militär während eines Auslandsaufenthaltes Thaksins die Macht.

2007 Die People's Power Party (PPP, Nachfolgepartei von Thaksins TRT) gewinnt im Dezember die Wahlen und teilt sich die Macht mit mehreren kleinen Parteien. Samak Sundaravej wird Premierminister.

2008 Nach gewaltsamen Demonstrationen im September wird Samak entlassen. Das Parlament wählt Somchai Wongsawat (PPP) zum neuen Premierminister. Der Konflikt zwischen Anhängern Thaksins (rote Hemden) und Königstreuen (gelbe Hemden) eskaliert. Das Verfassungsgericht verbietet die regierende PPP wegen Wahlbetrugs und zwingt damit Premier Somchai zum Rücktritt. Oppositionsführer Abhisit Vejjajiva (Demokratische Partei) bildet eine Koalition.

2009 Im April erzwingen regierungsfeindliche Anhänger Thaksins den Abbruch eines ASEAN-Gipfels in Pattaya.

2010 Im Frühjahr kommt es in Bangkok zu neuerlichen Unruhen, die die Stadt mehrere Wochen in Atem halten.

2011 Nach Parlamentswahlen wird Yingluck Shinawatra, Schwester von Thaksin Shinawatra, Premierministerin Thailands. Im November sucht eine Hochwasserkatastrophe Ayutthaya und Bangkok heim.

Natur und Umwelt

Flora

Mehr als zehn verschiedene Palmenarten gibt es in Südthailand, darunter die gedrungene Ölpalme, die Arekapalme (auch Betelpalme genannt) mit Wuschelschopf und die elegante Kokospalme. Aus dem weißen Fruchtfleisch ihrer Nüsse entsteht Kokosfett und Kokosmilch, Matten und Seile werden aus den Fasern der Nussschalen hergestellt, und die Palmblätter decken traditionelle Hütten der Fischer und Bauern. Viele Strände säumen auch Kasuarinen, die an europäische Nadelbäume erinnern.

Im Süden gibt es einen letzten Rest primären Regenwalds mit bis zu 70 m hohen Baumriesen auf gigantischen Wurzeln. Ihre Kronen bilden das Dach des Dschungels, in dessen unterste Etage kaum noch ein Lichtstrahl durch das dichte Gewirr aus Bäumen, Schlingpflanzen und Epiphyten, Pandanus (Schraubenbäumen) und wilden Bananen, lianenartigen Rattanpalmen, Bambus und Farnen dringt. Die wilden Orchideen wachsen meist weit oben in den Bäumen.

Üppig wächst der Bambus seit 60 Mio. Jahren in zahlreichen Arten bis zu 20 m hoch. Wahrlich betörende Gerüche verströmen Jasmin und Frangipani. Bougainvilleen, Rhododendren und Hibiskus blühen in allen möglichen Farben. Vermeintlich kümmerlich wirkende Bäume, die ordentlich in Reih und Glied stehen, sind eine Gummibaumplantage, auch zu erkennen an den Schalen am Stamm, in die frühmorgens der Latex-Saft tropft. Felder mit Ananas und Zuckerrohr, Bäume mit dicken, schweren Durianfrüchten und Papayas sowie Bananenstauden und Cashewnussbäume gehören ebenso zum Landschaftsbild.

Wie auf Stelzen wachsen die Bäume der Mangrovenwälder aus dem schlickigen Salzwasser. Das Biotop Mangrovenwald bietet zahlreichen Pflanzen und Tieren einen Lebensraum, z.B. Makaken und Languren, Ottern, Echsen und Schlangen. Selbst Krokodile sollen dort manchmal noch gesichtet werden. Die Wälder schützen die Küsten außerdem vor Wellengang und Erosion. Aber auch Kräutermedizin wird aus den Mangrovenbäumen und deren Blättern gewonnen.

Duftende Frangipani-Blüten bezaubern die Sinne

Fauna

Nur noch ein- bis zweitausend wilde Elefanten streifen durch die Bambuswälder. Sehr selten geworden sind Tiger, Leoparden, Nashörner, Tapire und Bären. Die akrobatischen Gibbons leben in den Bäumen des Dschungels – morgens hört man ihre Rufe durch den Regenwald schallen. Die lang- oder kurzschwänzigen Makaken wiederum sind oft zutraulich bis aufdringlich.

Auf Lichtungen in den Nationalparks versammelt sich Rotwild (z.B. Sambarhirsche und der etwa kniehohe Maus-Hirsch). Am ehesten erspäht man Wildrinder, Flug- und Eichhörnchen, Schmetterlinge und mit etwas Glück einen farbenprächtigen Nashornvogel.

In Reisfeldern, Lagunen- und Flusslandschaften sind häufig weiße Reiher, Kraniche, Störche und schillernde Eisvögel auf Nahrungssuche, Adler und Falken sind in den Wipfeln der Regenwälder zu Hause. Schlangen sind selten anzutreffen und größtenteils ungefährlich: Es gibt in Thailand höchstens sechs tödlich-giftige Vertreter, darunter die Kobra. Die Nähe von Flüssen lieben die ungiftigen, aber bis zu 10 m langen Pythons.

92 verschiedene Arten von Fledermäusen – die kleinste wiegt gerade mal 1,5 g – leben v.a. in den Höhlen der Karstgebirge, aus denen sie in der Dämmerung zu Hunderttausenden zur Nahrungssuche ausschwärmen und den Abendhimmel bevölkern.

Unterwasserwelt

Die Korallenriffe in der Andamanensee gelten als eines der schönsten Tauchreviere der Welt: Blühende Korallengärten präsentieren sich in allen Formen, Größen und Farben. Dazwischen tummelt sich eine überwältigende Population von großen und kleinen tropischen Meeresbewohnern, darunter auch der riesige Walhai. Meeresschildkröten, Schwärme von bunten Schmetterlings- und Papageienfischen scheinen hier geradezu fürs Foto zu posieren. Mantas, Delfine, Seekühe *(dugongs)*, Leopardenhaie sowie Schwert- und Tintenfische gleiten elegant durchs Wasser. Die Korallenriffe schützen die Küste als natürliche Wellenbrecher vor Erosion und Überflutung. Bei einem Tauch- und Schnorchelausflug sollten diese Naturschätze daher auf keinen Fall berührt werden. Sie können Ihren Teil dazu beitragen, indem Sie keine Korallen als Souvenir kaufen.

Farbenprächtige Unterwasserwelt

Glaubenswelten

Prächtige Tempel, deren Mosaikdächer im Sonnenlicht glitzern, mit Treppen, die von Furcht einflößenden Naga-Schlangen bewacht werden, riesige Buddhastatuen am Berghang und Geisterhäuschen mit Räucherstäbchen und Cola als Opfergaben – überall dokumentiert sich die Religiosität der Thais. 95 % folgen – mehr oder weniger ernsthaft – den jahrtausendealten Lehren Buddhas.

Je weiter Sie jedoch nach Süden kommen, desto häufiger sehen Sie Moscheen und Minarette. Im tiefen Süden gibt es Gebiete und Dörfer, in denen 90 % der Bewohner strenggläubige Muslime sind.

Alle Religionen und Bevölkerungsschichten in Thailand – ob Bergvölker, Seenomaden oder Premierminister – eint der Glaube an die Geisterwelt, deren zahlreiche Unholde wahrscheinlich vor Jahrtausenden aus Indien einwanderten und auch heute Tag für Tag besänftigt werden wollen: In keiner Suppenküche oder Hotellobby wird der Tag ohne Opfergaben – Räucherstäbchen, Wasser, Obst und etwas Reis – an die Hausgeister *(chao thi)* in ihren liebevoll-verschnörkelten Häuschen begonnen, oftmals mit Miniaturbewohnern und Lichterketten.

Damit auch sonst nichts schiefgehen kann, werden bei den Chao Le im Süden noch heute animistische Rituale praktiziert, z.B. Orakel mit Hilfe eines Hühnerknochens gelesen oder Geister mittels eines Medizinmannes ausgetrieben. Fast jeder männliche Thai trägt außerdem ein von Mönchen geweihtes Amulett um den Hals, sozusagen als Lebensversicherung.

Die Lehre Buddhas

»Tue Gutes, und Dir wird nur Gutes widerfahren; Deine schlechten Taten jedoch musst Du im nächsten Leben mit viel Leid bezahlen.« So lautet das buddhistische Schicksalsgesetz Karma. Dieser ewige Kreislauf der Wiedergeburten kann erst beendet werden, wenn der Gläubige den Zustand der Erleuchtung erreicht hat und ins Nirwana eingeht. Erst dort wird man endgültig erlöst von allen menschlichen Begierden, dem scheinbar endlosen Leiden und der Reinkarnation. Doch selbst Buddha soll mehr als 500 Existenzen durchlebt haben – mal als hinduistische Gottheit, mal als mythologischer Schlangenkönig –, bevor er die Erleuchtung erlangte.

Buddha wird nicht als Gott verehrt, er zeigte nur den Weg zur Erlösung durch seine friedfertige Philosophie. Seine Lehre weist den Weg, das Leid zu überwinden, das aus der menschlichen Begierde entsteht. Zu den Wesenszügen eines echten Buddhisten gehören u.a. grenzenloses Mitleid mit allen Geschöpfen, Barmherzigkeit, Toleranz, Gleichmut und viele gute Taten, mit denen man das Schicksal im nächsten Leben positiv beeinflusst und Verdienste erwirbt: z.B. durch die Opfergaben in die Schalen der Mönche bei deren morgendlicher Almosenrunde, durch Meditation und Leben in einem Kloster, durch eine Andacht im Tempel, durch eine Spende an die Klöster und den tiefen Respekt gegenüber Mönchen und Älteren.

Im thailändischen Alltag haben Opfer- und Gebetsrituale viel von der ursprünglichen Philosophie verschüttet. Zwar gehen immer noch viele junge Männer zur *khao pansa* während der Regenzeit für einige Wochen als Novizen in die Klöster, doch immer weniger Firmen im modernen Thailand sehen diesen langen Ausfall ihrer Arbeitskräfte gerne. Meditation wird außerhalb der Klöster nur selten praktiziert, stattdessen beten Thais beim Tempelbesuch für die richtigen Lottozahlen oder gute Geschäfte! Die hoch angesehenen Mönche spielen nicht nur bei Hochzeiten und Beerdigungen eine wichtige Rolle, auch bei der Eröffnung einer Bank oder der Autobahneinweihung benötigt man ihren Segen, und auch für das neu gekaufte Auto werden die Mönche bemüht.

Rund 300 000 Mönche, Nonnen und Novizen leben in Thailand und befolgen im Klosterdasein insgesamt 227 buddhistische Regeln wie das Zölibat. Die Mönchsgemeinde *(sangha)* ist jedoch keine weltfremde Glaubensgemeinschaft: Manche charismatischen Äbte haben regelrechten Kultstatus, da man annimmt, sie könnten wunderheilen oder gar die Lottozahlen voraussagen!

Noch nach ihrem Tod werden einige der verehrten Geistlichen mumifiziert und teils offen ausgestellt: Die Gläubigen überhäufen die Mumie mit Geld oder bekleben sie mit Goldpapier. So archaisch dieser Kult anmutet, hinter den Fassaden der Klöster verwalten Computer den Klosterbesitz.

Der Islam

Nur 2 Mio. Muslime, meist Sunniten, leben vor allem im Süden Thailands, wo der Islam vor etwa 800 Jahren durch arabische Händler verbreitet wurde. Alle Gläubigen sind durch das Glaubensbekenntnis *(schahada)* vereint: »Es gibt keinen Gott außer Allah, und Mohammed ist sein Gesandter.«

Die moralischen Lehren des Islams sind im Koran zusammengefasst. Wichtigste Säulen des Islam: das Glaubensbekenntnis, fünf Gebete am Tag, das Einhalten des Fastenmonats Ramadan, die Almosensteuer und die Pilgerfahrt nach Mekka. Muslime dürfen weder Schweinefleisch noch Alkohol zu sich nehmen, Glücksspiel und Prostitution sind offiziell verboten. Viele Muslima tragen einen Schleier oder wenigstens eine Kopfbedeckung, die Männer betreten die Moschee nicht ohne Kopfbedeckung.

Kunst und Kultur

Mehr als 25 000 Tempel und Klöster gibt es in Thailand – alle sind nach dem gleichen Prinzip gebaut. Das buddhistische Kloster *(wat)* besteht aus verschiedenartigen Gebäuden mit mehrfach gestaffelten, rotgrünen Mosaikdächern, deren Giebel mit ihren verlängerten Enden wie grazile Fingernägel in den Himmel zeigen. Der Tempelbereich ist meist durch eine Mauer von den Wohnhäusern der Mönche abgetrennt. Die Klöster dienen seit jeher als Treffpunkte für Versammlungen im Dorf, als Herbergen für Reisende in der Vergangenheit und auf dem Land noch heute als Schulen.

Tempelarchitektur

Das wichtigste Erkennungsmerkmal eines Tempels ist der Chedi, die verschiedenartig geformte Kuppel, meist in Glockenform mit vergoldeter Spitze, oder auch ein Turm *(prang)*. Unter diesen nicht zugänglichen Chedis (auch Stupa und Pagode genannt) werden die Reliquien Buddhas oder anderer hochverehrter Nachfolger wie Mönche bzw. Könige aufbewahrt: Haare, Zähne, Knochenteile oder Asche.

In der zentralen Ordinationshalle, dem Bot, finden die meisten religiösen Zeremonien statt. Es ist das prächtigste Gebäude, mit vielen Säulen, Mosaikdekor, Holzschnitzereien und dreifach gestaffeltem Dach. Im Innern steht die wichtigste aller Buddhastatuen auf einem Altar mit Opfergaben.

In der oder den Versammlungshallen *(vihara* oder *viharn)* treffen sich die Mönche zum täglichen Gebet oder zur Meditation. Offene Pavillons *(sala)*, ein Glockenturm, eine kleine Bibliothek und ein Bodhi-Baum vervollständigen den Klosterkomplex. Der Bodhi-Baum, ein Ableger des Baumes, unter dem Buddha vor 2500 Jahren seine Erleuchtung erlangte, ist häufig mit bunten Gebetsfahnen oder gelben Tüchern geschmückt.

Klassisches Theater und Tänze

Das Maskentanzdrama *khon* erzählt Episoden aus dem jahrtausendealten indischen Ramayana (thailändisch: Ramakien): Die Legende berichtet in 50 000 Versen von den heldenhaften Erlebnissen des indischen Königs Rama (auch: Phra Ram) bei dem Versuch, seine nach Sri Lanka entführte Prinzessin Sita (Nang Sida) aus den Klauen des Dämonenkönigs Ravana (Thotsakan) zu befreien; zu Hilfe kommt ihm dabei der schlaue Affengeneral Hanuman mit seinem Heer.

Die Darsteller tragen prächtige Brokatkostüme mit goldenen Spitzkronen und Pappmaché-Masken. Sie führen ihre stilisierten Gesten und pantomimischen Posen wie in Zeitlupe und mit höchster Konzentration und Eleganz aus, wichtig ist die Körpersprache besonders der Hände und Finger.

Begleitet werden die Tänzer von einem traditionellen, meist achtköpfigen Orchester, das aus Trommel, Gong, Zimbel, Xylophon, Flöte und dem dreisaitigen Zupfinstrument Sam Sai besteht. Eine ähnliche Tanzform, genannt *lakhon chatri,* wird heute noch an Tempelschreinen aufgeführt (in Bangkok z.B. am Lak Muang und Erawan).

Nang Talung

Das Schattenspiel stammt ursprünglich aus Malaysia und Indonesien. In Thailand ließ man die Puppen vorerst nur am königlichen Hofe tanzen, ehe daraus

Lakhon-Tänzerin

ein Volksvergnügen werden durfte, das heute v.a. an religiösen Feiertagen sowie bei Volksfesten zum Chinesischen Neujahr zu sehen ist. Die Figuren werden nur noch von wenigen thailändischen Künstlern in aufwendiger Handarbeit gefertigt: In alter Manier entstehen dabei König Rama und Prinzessin Sita, der Dämonenkönig Ravana und der Affengeneral Hanuman aus getrockneter, transparenter Büffelhaut. Der Rezitator erzählt im monotonen Sprechgesang zu den tanzenden Schatten eine Nacht lang Geschichten aus dem Ramakien. Beim Happy End im Morgengrauen schläft ein Großteil des Publikums schon lange. Begleitet wird die Show von den Klängen eines traditionellen Orchesters, das mit dem Puppenspieler auf einer erhöhten Plattform hinter der Leinwand sitzt.

Traditionelle Sportarten

Muay Thai, das thailändische Kickboxen, stammt aus China und hatte seinen Ursprung auf den Schlachtfeldern – deswegen sind in den 5 Runden à 3 Minuten alle noch so gefährlichen Techniken erlaubt (außer Beißen, Spucken, Kratzen und Ringen). Heutzutage versammeln sich die wettbegeisterten Thailänder, v.a. Männer, im Ratchadamnoen- oder Lumpini-Stadion in Bangkok. In größeren Touristenorten finden regelmäßig Kämpfe statt.

Nur noch wenige Künstler fertigen Schattenspielfiguren in Handarbeit

Wo immer einige Thai-Männer am Strand im Kreisrund zusammenstehen und scheinbar merkwürdige Verrenkungen machen, ist man auf eine **Takraw**-Runde gestoßen: Bei diesem populären und weitverbreiteten Spiel muss der kleine Rattanball, so lange es geht, in der Luft gehalten werden, nur die Hände dürfen dabei keinesfalls zum Einsatz kommen. Punkte gibt es für die ungewöhnlichsten Techniken, etwa den Schulterstoß oder Stirnball. Bei richtigen Wettkämpfen gilt es außerdem, den Ball über ein Netz oder in Körbe über dem Spielfeld zu befördern.

Beim **Drachensteigen** buhlen riesige männliche Drachen (*chulas*) in allen Formen und Farben um die Gunst der kleineren weiblichen Drachen (*pakpaos*), die die Lenker der *chulas* zu Boden zwingen wollen. Wettbewerbe finden vorwiegend von Mitte Februar bis April/Mai auf dem Sanam Luang in Bangkok statt – ein farbenprächtiges Schauspiel, das so manch einen westlichen Zuschauer in seine Kindheit zurückversetzt.

Bootsrennen zwischen Longtail-Booten finden zum Ende der Regenzeit im Oktober statt, wenn die Flüsse Hochwasser führen. Prämiert werden nicht nur die Sieger, auch die schönsten Boote bekommen einen Preis.

Feste und Veranstaltungen

Jede Provinz und jeder Tempel feiert einmal jährlich ein eigenes Fest. Dazu kommen gesetzliche und religiöse Feiertage und lokale Festivitäten, alles schön über das ganze Jahr verteilt. Im Folgenden finden Sie die wichtigsten und schönsten Feste. Die Termine der astrologisch nach dem Mondzyklus berechneten Feiertage ändern sich jedes Jahr und können beim Thailändischen Fremdenverkehrsamt ❯ S. 138 erfragt werden.

Festkalender

Januar/Februar: Für die Thailänder fängt das Jahr dreimal an: auf das westliche Neujahr am 1. Januar folgt das **Chinesische Neujahrsfest,** das besonders die Chinesen ausgelassen feiern, bevor im April Songkran ansteht.

Februar/März (3. Vollmond): **Makha Bucha** erinnert an eine berühmte Predigt Buddhas und wird mit Tempelfesten und Kerzenprozessionen gefeiert. Im Süden wird der Göttin Chao Mae Lim Ko Nieo gehuldigt – mit Feuerläufern und farbenfrohen Prozessionen mit Korlae-Booten.

Zwischen 12. und 15. April: **Songkran** heißt das thailändische Neujahrsfest, eine fröhliche Wasserschlacht zur heißesten und trockensten Zeit des Jahres. Jeder bespritzt jeden, am letzten Tag werden die Buddhastatuen mit Wasser begossen – damit wird alles Böse aus dem alten Jahr abgewaschen. Auch Touristen bleiben nicht trocken, lassen Sie also die guten Sachen im Hotel.

Mitte Mai: Die **königliche Pflugzeremonie** wird durch den König oder einen Stellvertreter als symbolischer Beginn der Reisaussaat mitten in Bangkok auf dem Sanam Luang abgehalten. Brahmanen-Priester prophezeien die Ernteergebnisse.

Mai-Vollmond: **Visakha Bucha,** eines der ältesten buddhistischen Feste, bei dem Buddhas Geburt, seine Erleuchtung und sein Eingang ins Nirwana mit Tempelprozessionen und viel Kerzenschein gefeiert werden.

Juli-Vollmond: **Asaha Bucha,** zum Gedenken an Buddhas erste Predigt. Kerzenprozessionen in den Tempeln. Beginn der buddhistischen Fastenzeit, *khao phansa:* Die Mönche verlassen die nächsten drei Monate die Klöster nicht. Viele junge Männer gehen als Novizen in die Klöster.

September: Das **Chinesische Mondfest** im Süden verzaubert durch Laternenumzüge mit Drachen- und Löwentänzen.

September/Oktober: Die Bewohner Phukets begrüßen neun Götter zum **Vegetarierfest** auf Erden – ein buntes, lautes und okkultes Spektakel ❭ S. 85. Um diese Zeit feiert man auch das **Chak Phra & Thot Phapa Festival** in Suratthani (bei Ko Samui).

Mitte Oktober/Mitte November: **Thot Kathin,** symbolisches Ende der Regen- und Fastenzeit, wird mit Tempelfesten und Geschenken an die Mönche gefeiert. Das ganze Land ist auf den Beinen: Auto- und Buskarawanen, Lkw mit Musikgruppen auf der Ladefläche sind feiernd unterwegs.

November-Vollmond: **Loy Krathong,** das Lichterfest, ist eines der romantischsten und wichtigsten Feste des Landes. Kleine Schiffchen mit Räucherstäbchen, Kerzen und Opfergaben werden auf Flüsse, Kanäle und Seen gesetzt – für die Göttin des Wassers. Im Süden werden Bootsprozessionen veranstaltet.

5. Dezember: **Geburtstag König Bhumipols;** königliche Parade in der Hauptstadt. 2012 wird er 85 Jahre alt.

Essen und Trinken

Die thailändische Küche gehört zu den besten der Welt. Allerorten laden Garküchen und kleine Restaurants zu kulinarischen Expeditionen ein. Berüchtigt ist die Schärfe der Thai-Küche, doch mit Chili und Kokosmilch zaubern die Köche viele Varianten auf der Schärfeskala – häufig ist das Essen schon den Geschmacksvorlieben der *farang* (Ausländer) angepasst. Im Zweifel bestellen Sie *mai pet* (nicht scharf) – und löschen die Schärfe mit Reis.

Currys und Saucen

Die Thais würzen viele Gerichte zusätzlich mit der in Schälchen mitservierten Chilisauce *prik nam pla,* mit Fischsauce *(nam pla)* oder einer der unzähligen anderen aus der Familie der Chilisaucen.

Bei den Currys *(gaeng)* erübrigt sich dies selbst für Einheimische – je kleiner und grüner die verwendeten Chilis, desto schärfer das Curry. Basis eines jeden Currys ist eine Paste aus Koriander, Tamarinde, Knoblauch, schwarzem Pfeffer, Schalotten, süßen Basilikumblättern, Galgant (ähnlich dem Ingwer), Kaffirlimettenblättern (eine Zitronenart), Garnelenpaste und natürlich Chilis. Viele Hausfrauen machen ihre Currypaste selbst; frisch bekommt man sie auch auf dem Markt, abgepackt im Supermarkt. Im Wok werden der Paste Kokosmilch oder -sahne sowie Fleischstückchen (oder Seafood) und Gemüse hinzugefügt.

Das grüne Hühner-Curry *(gaeng khiao wahn gai)* kann der reinste Sprengstoff sein, das rote Rindfleisch-Curry *(paneng nüa)* ist »trockener«, aber ebenfalls reichlich scharf. Etwas verträglicher ist das delikate *gaeng massaman* mit Erdnüssen und Kardamom, mild das gelb-rötliche *gaeng gari* (meist mit Kartoffelstückchen und Hühnerfleisch).

Suppen

Auch die köstlichen Suppen werden mit Reis und immer als Hauptgang gegessen, beispielsweise die sauer-scharfe *tom kha gai,* eine Hühnersuppe mit Kokosmilch. Klare und ziemlich scharfe Suppen mit Zitronengras sind die leckeren *tom yam gung* (mit Garnelen) oder *tom yam gai* (mit Huhn): Die meisten Bestandteile werden allerdings nicht mitgeges-

Chili gibt den Gerichten die berüchtigte Schärfe

sen, da sie nur dem Aroma dienen, etwa die Kaffirlimettenblätter, der Galgant und die winzigen grünen Chilis. Einfachste Variante ist die Reissuppe mit Hühnchen *(khao tom gai)*, die an vielen Straßenständen zubereitet wird. Thais essen sie bevorzugt nachts oder zum Frühstück.

Was sonst noch auf der Speisekarte steht

Bei den Touristen beliebt sind süßsaure Gerichte wie Schweine- oder Hühnerfleisch *(prio wahn muh* oder *gai)*, gebratenes Huhn mit Cashewnüssen *(gai pat met mamuang)*, gebratenes Rindfleisch in Austernsauce *(nüa pat nam man hoy)*, mit Erbsen und Fleisch gefüllte Omelettes *(gai yad sai)* oder *khao pat* (gebratener Reis) als preiswertes Schnellgericht. An den rollenden Garküchen gibt es gegrillte Fleischspieße und gerösteten Tintenfisch.

Weitverbreitete Salate sind der feurige *som tam* aus grüner Papaya und Tomaten, Erdnüssen, getrockneten Garnelen und reichlich zerstoßenen Chilis, der mit Klebreis *(khao niao)* gegessen wird, und *yam nüa*, ein Rindfleischsalat mit Chilis, Gurken, Zwiebeln und Koriander.

2600 km Küstenlinie garantieren ein überwältigendes Angebot an Seafood. Gebratene Fische und Tintenfische, Muscheln, Hummer, Krebse und Shrimps in allen Größen und in vielen Zubereitungsarten finden sich auf jeder Speisekarte. Auf Phuket sollte man wenigstens einmal den Phuket-Lobster bestellt haben, den König der Meerestiere. Rock Lobster sind kleiner und unscheinbarer, dafür aber garantiert nicht gezüchtet.

Als Nachspeisen bieten sich verschiedene Süßigkeiten in grellbunten Neonfarben an, die man einfach einmal probiert haben muss: Die meisten sind aus Reismehl und Zucker gezaubert. Halbrunde wabblige, weiße Fla-

Lukullische Genüsse Asiens

- **Rang Mahal** bietet im Rembrandt Hotel in Bangkok die vielleicht beste nordindische Küche in Thailand – mit toller Aussicht > S. 63.
- **Krua Apsorn** in Bangkok bringt fabelhafte Thaiküche ohne Kompromisse auf den Tisch, darunter traumhaft gute Currys > S. 64.
- **Le Dalat Indochine** serviert in nostalgischer Thai-Atmosphäre die wahrscheinlich besten vietnamesischen Speisen in Bangkok > S. 64.
- **Chote Chitr** gehört zu den ältesten Restaurants in Bangkok und kocht original thailändisch > S. 64.
- **Baan Rim Pa** auf Phuket hat nicht nur leckere Thai-Küche, sondern auch einen fabelhaften Ausblick > S. 74.
- **Tamachart Restaurant** in Phuket Town lockt mit köstlichen, fangfrischen Phuket-Austern > S. 87.
- **Ruen Mai** gilt mit seinem himmlischen Fischcurry als bestes Thai-Restaurant in Krabi > S. 105.
- **Sabeinglae** serviert die köstlichen Spezialitäten von Ko Samui in schlichtestem Dekor, dafür aber zu Spottpreisen > S. 120.

den *(khanom krok)* – bestehend aus Kokosmilch, Reismehl, Ei, Salz und Zucker – werden häufig in Pfannen am Straßenrand gebrutzelt. *Khanom buang* nennen sich die knusprig-süßen Crêpes, gefüllt mit einer Creme aus Kokossahne, geraspelter Kokosnuss und Eigelb.

Früchte

Neben alten Bekannten wie Ananas *(sapparot)* und zahlreichen Sorten von Bananen *(gluai)* gibt es auf den Märkten wahrhaft Exotisches zu entdecken: Mangos *(mamuang)* und Papayas *(malagor)*, saftige Wassermelonen *(taeng mo)*, süße Longan *(lamyai)* und Pampelmusen *(som-o)* sowie die durststillenden Kokosnüsse *(maprao)*, die im jungen Alter mit grüner Schale besonders viel klaren Saft enthalten. Einige Früchte muss man allerdings regelrecht knacken – gewusst wie: Um an das weiße, säuerlich-saftige Fruchtfleisch der Mangosteen *(mangkut)* zu gelangen, wird die Frucht etwas zusammengedrückt, bis die dicke, rotbraune Schale aufplatzt. Die roten, stachligen Rambutan *(ngoh)* werden am besten mit den Fingernägeln geöffnet. Durian *(thurian)*, die »Stinkfrucht« (auch der Geschmack ist gewöhnungsbedürftig), und die delikate Jackfruit *(khanun)* kauft man am besten portioniert.

Getränke

Nationalgetränk ist Mekhong – der Thai-Whisky ist unverzichtbarer Bestandteil aller Picknickkörbe und Kneipenrunden. Die einheimischen Biere – Singha, Chang oder Kloster – sind gut und preiswert, ausländisches Bier, Wein und Spirituosen dagegen relativ teuer. Groß ist auch das Angebot an Cocktails, der bekannteste heißt Mai Tai.

Kaffee entpuppt sich häufig als löslicher Instantkaffee, frischer Bohnenkaffee und Cappuccino setzen sich aber immer mehr durch.

Trinkwasser gibt es allerorten in versiegelten Plastikflaschen *(nam plao)* oder als Mineralwasser *(nam soda)*. Die weltweit bekannten Soft Drinks sind auch in Thailand überall zu haben. Erfrischender ist jedoch allemal der Saft grüner Kokosnüsse. Man trinkt den Saft aus und kann mit einem Löffel das milde geleeartige Fleisch auslöffeln.

Shopping

Seide und Batiken

Thai-Seide ist etwas gröber als die chinesische, das Besondere jedoch sind die eingewebten Goldfäden und sehr aufwendig produzierte Muster. Kunstfasermischungen erkennen Sie an der Feuerprobe: Kunstfaser schmilzt zu harten Tröpfchen, Seide wird weich und verbrennt zu

Asche. Legendär, aber teuer ist Jim Thompson ❯ S. 56. Vorzügliche Qualität finden Sie auch in Bangkoks Old Siam Plaza ❯ S. 56. Halten Sie im Süden Ausschau nach handgewebten Stoffen *(jok pha)* und Batiken aus Pattani.

Kunsthandwerk

Im Süden werden viele Möbelstücke und Alltagsgegenstände mit Perlmutt dekoriert, v.a. in der Gegend um Phuket. Silber- und Lackarbeiten werden vorwiegend um Nakhon Si Thammarat (südlich von Ko Samui) hergestellt.

Mustervielfalt in Seide

Hier wurde die Niello-Technik perfektioniert: In Silber geritzte Muster werden mit einer schwarzen Legierung ausgefüllt. Geflochtene Matten und Körbe aus Palmen *(lamchiak)* und Stroh *(krachut)* türmen sich häufig auf Märkten oder am Straßenrand, besonders bei Krabi.

Antiquitäten

Fälschungen sind zahlreich, und die wenigen echten Stücke stammen nicht selten aus Diebstählen. Laien sollten die Finger davon lassen. Für die Ausfuhr braucht man eine Erlaubnis des Fine Arts Department (Tel. 0 2281 6766) im Nationalmuseum in Bangkok, Buddhafiguren (mit Ausnahme von Amuletten) dürfen generell nicht ausgeführt werden, selbst wenn sie nicht antik sind. Seriöse Händler haben die zu ihren Stücken passenden Dokumente bzw. kümmern sich um deren Beschaffung. Es kann jedoch auch hier nicht schaden, durch einen Anruf beim Fine Arts Department zu prüfen, ob das Papier echt ist.

Edelsteine

Rubine, Saphire, Topase, Jade und Andamanen-Perlen verlocken zum Kauf. Lassen Sie sich aber keinesfalls von einem Schlepper oder Tuk-Tuk-Fahrer in ein oft imposant aussehendes Schmuckgeschäft bringen. Meist sind die Steine dort zwar keine Fälschungen, aber völlig minderwertig, was ein Laie nicht bemerkt. Die Behauptung, man könne diese Steine in Deutschland für ein Vielfaches des bezahlten Preises verkaufen, ist immer Unsinn. Größere Summen sollte daher nur ausgeben, wer sich des Wertes absolut sicher ist. In Bangkok können Sie Steine vor dem Kauf bei der Thai Gem & Jewelry Traders Association (Tel. 0 2235 3039) schätzen lassen. Im Fall des Falles kann dann höchstens noch die Touristenpolizei weiterhelfen.

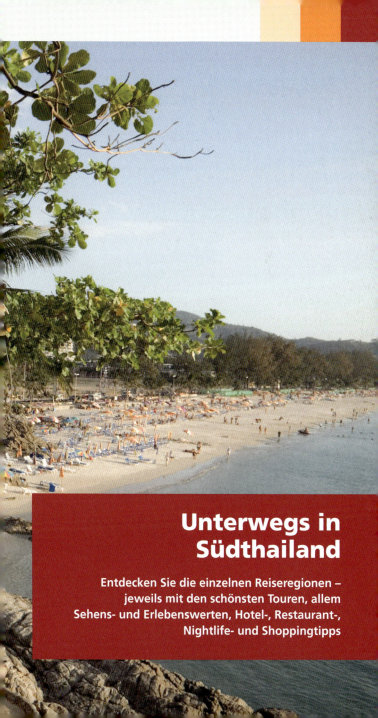

Unterwegs in Südthailand

Entdecken Sie die einzelnen Reiseregionen –
jeweils mit den schönsten Touren, allem
Sehens- und Erlebenswerten, Hotel-, Restaurant-,
Nightlife- und Shoppingtipps

**Bangkok

Nicht verpassen!

- Im Wat Phra Kaeo gemalte Abenteuer der Weltliteratur studieren
- Den Wat Arun bei Sonnenuntergang erleben
- Sich im Wat Pho durchkneten lassen
- In Chinatown nach Herzenslust feilschen
- Am Siam Square in die glitzernde Shoppingwelt eintauchen
- Thai-Leckereien an einer der unzähligen Garküchen genießen

Zur Orientierung

Für die einen ist die Hauptstadt Thailands der reinste Horror zwischen Dauerstau und Dunstglocke, für die anderen eine spürbar mystische Stadt im Wandel. Im Königspalast verzaubern goldblitzende Tempel und zu Stein erstarrte Fabelwesen. Auch wenn heute Wolkenkratzer die Skyline Bangkoks dominieren: 400 Tempel, zahlreiche Museen und Paläste beherbergen die schönsten und wertvollsten Schätze aus der Vergangenheit des Landes.

Bangkoks wichtigste Sehenswürdigkeiten, seine berühmtesten Tempel, liegen in der Altstadt Rattanakosin. Hier im inneren Flussbogen des Flusses Chao Phraya gründete der erste Rama der Chakri-Dynastie 1782 die Stadt. Die dortige kleine chinesische Handelsniederlassung Ban Makok musste in die heutige Chinatown umziehen.

Die Stadt wuchs rasch zu einem bedeutenden Handelszentrum zwischen Orient und Okzident. Heute ist Bangkok eine moderne Boomtown mit einer stetig wachsenden Lawine aus Autos, Bussen, Taxis, dreirädrigen Tuk-Tuks und Hunderttausenden aufheulender Motorräder. Die Entfernungen sind groß und mit dem modernen Skytrain ❯ S. 59 schneller zu überwinden als mit

Der prächtige Marmortempel
Wat Benchamabophit

Wat Arun, Tempel der Morgenröte

dem Taxi. Im Brennpunkt des touristischen Interesses stehen die alte Europäersiedlung rund um das weltberühmte Oriental Hotel, die glitzernden Einkaufspaläste rund um den Siam Square sowie das Nachtleben von Patpong und in der modernen Sukhumvit Road. Die Palette reicht hier von definitiv unseriösen Etablissements bis hin zu hippen Club-Locations. Wer jedoch von den Hauptstraßen in die kleinen *sois* abbiegt, macht Bekanntschaft mit einem anderen Bangkok: In den Gassen türmen sich die exotischsten Obstsorten in schwindelerregende Höhe, plärren Thai-Pop aus der einen, Kinderlieder aus der anderen Ecke, hier steigen weiße Dampfwolken aus Riesen-Woks, dort überlagert der Duft von Chilis oder auch Jasmin die

Abgasschwaden. Auf einer Bootsfahrt durch die Klongs von Thonburi, Bangkoks Schwesterstadt am Westufer des Chao Praya, lernt man dagegen die ländliche Seite Bangkoks kennen, wo sich das Leben noch immer weitgehend auf dem Wasser abspielt.

Touren in Bangkok

Bangkok kompakt

– ❸ – Wat Phra Kaeo/Königspalast 〉 Nationalmuseum 〉 Wat Pho 〉 Wat Arun 〉 Wat Saket 〉 Wat Suthat 〉 Chinatown 〉 Wat Traimit 〉 Siam Square

Dauer: 2 Tage, davon ein halber für das Palastareal
Praktische Hinweise: Am ersten Tag zu Fuß durch die Altstadt, mit dem Expressboot auf dem Chao Phraya nach Süden und weiter mit dem Skytrain ins moderne Bangkok. Am zweiten Tag mehrere Taxifahrten, zu Fuß durch Banglampu und Chinatown und wieder mit dem Skytrain ins Nachtleben.

Früh aufstehen lohnt sich: Bangkoks bedeutendste Sehenswürdigkeiten, der **✱✱✱Wat Phra Kaeo** 〉 S. 50 und der **✱✱Königspalast** 〉 S. 50, öffnen um 8.30 Uhr. Zu dieser Zeit ist es noch himmlisch ruhig hier, die farbenfrohen Dächer und goldenen Chedis leuchten fotogen in der Morgensonne,

und wenn die Bustouristen anrücken, flüchten Sie sich in den immer ruhigen Wandelgang, um die großartigen Ramakien-Fresken zu studieren. Kleben Sie dann Ihre für wenige Baht vor Ort erworbenen Blattgoldblättchen an die glückbringende Säule des **Lak-Muang-Schreins** 〉 S. 52 und schlendern Sie hinüber zum **Wat Mahathat** 〉 S. 52, um dem Treiben auf dem **Amulettmarkt** (Do–Di) zuzusehen. Die heiße Mittagszeit lässt sich am besten bei den historischen Buddhas im nahen **✱✱Nationalmuseum** 〉 S. 52 verbringen. Vom Pier (Tha) Phra Chan geht es dann auf dem Fluss nach Süden bis zum Tha Tien. Hier können Sie im vorzüglichen Restaurant der **Arun Residence** 〉 S. 60 direkt am Fluss mit tollem Blick auf den Wat Arun speisen. Danach bummeln Sie zum **✱✱Wat Pho** 〉 S. 53, um den berühmten Ruhenden Buddha zu bewundern, eine traditionelle Thai-Massage kennenzulernen (auch ohne Voranmeldung) und die farbenfrohen Chedis im milden Licht des späten Nachmittags zu fotografieren. Etwa um 17.30 Uhr spazieren Sie wieder zurück zum Flussufer, um den magischen Anblick des **✱✱Wat Arun** 〉 S. 54 bei Sonnenuntergang zu erleben. Nehmen Sie dann gegen 18 Uhr das letzte Expressboot zum Pier des Hotels Shangri La. Von hier sind es nur wenige Schritte zum Skytrain, mit dem Sie bequem ins Nachtleben von Bangkok fahren, nach Patpong oder zur Amüsiermeile Sukhumvit.

Auch der zweite Tag beginnt früh. Ein Taxi bringt Sie zum ***Wat Saket** › S. 54, denn morgens ist der Blick vom Golden Mount über die Altstadt bis hin zum Wat Phra Kaeo und Wat Arun am schönsten. Um diese Zeit können Sie auch beobachten, wie die safrangelb gewandeten Mönche die Gaben der Bevölkerung entgegennehmen. Von hier spazieren Sie durch die **Bamrung Muang Road** › S. 54 mit ihren vielen buddhistischen Devotionalien zum reich verzierten ****Wat Suthat** › S. 54 mit seinem großen Bronze-Buddha aus der Sukhothai-Zeit.

Den Weg nach **Chinatown** (1 km südlich) › S. 55 können Sie mit Taxi oder Tuk-Tuk verkürzen. Dann schlendern Sie vom indischen Stoffmarkt **Pahurat** › S. 56 durch die **Sampeng Lane** › S. 55 zum Markt **Talaad Kao** › S. 56, anschließend durch Yaowarat und Charoen Krung zum ***Wat Traimit** › S. 56, wo der berühmte meditierende Buddha aus reinem Gold auf Sie wartet.

Ein Taxi bringt Sie anschließend zum **Siam Square** › S. 57. Besuchen Sie zunächst das ***Jim Thompson House** › S. 56 mit seinen wunderschönen Antiquitäten, denn das schließt um 17 Uhr. Wie wär's danach mit einem Bummel durch das Luxuskaufhaus **Siam Paragon** › S. 57. Auch das Aquarium von ****Siam Ocean World** › S. 57 im Untergeschoss schließt nicht vor 22 Uhr, und zahlreiche Garküchen stillen Ihren Hunger. Wieder wartet der Skytrain darauf, Sie ins Nachtleben von Silom und Sukhumvit zu entführen.

Zwei Zusatztage in Bangkok

– ❹ – **Klongs von Thonburi** › **Khao San Road** › **Wat Benchamabophit** › **Vimanmek Mansion** › **Oriental Hotel** › **State Tower** › **Ayutthaya**

Dauer: 2 Tage
Praktische Hinweise: 1. Tag: Longtail-Boot in die Klongs, zu Fuß durch Banglampu, mehrere Fahrten mit Taxi und Expressboot. 2. Tag: Zug/Bus für den Ausflug nach Ayutthaya. Für einen Bootsausflug dorthin müssen Sie einen Tag mehr einkalkulieren, da die berühmten Reisbarken einen Übernachtungshalt auf dem Land einlegen.

Am ersten Verlängerungstag bringt Sie ein Taxi oder Expressboot zum Phra-Athit-Pier im Stadtviertel Banglampu. Mit einem Ausflugsboot geht es von dort in die **Klongs von Thonburi** › S. 53, deren Holzhütten im Morgenlicht leuchten. Zurück am Pier schlendern Sie durch die nahe **Khao San Road** › S. 53, nehmen dann ein Taxi zum **Dusit Park**, um den Marmortempel ****Wat Benchamabophit** › S. 54 und den vergoldeten Holzpalast ****Vimanmek Mansion** › S. 55 von König Rama V. zu besichtigen. Ein Taxi bringt Sie zurück zum Fluss. Mit dem Expressboot

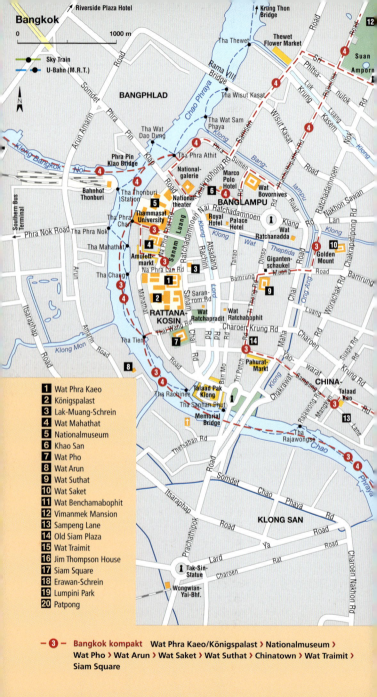

Bangkok

0   1000 m

Riverside Plaza Hotel

Krung Thon Bridge

▬ Sky Train
▬ U-Bahn (M.R.T.)

BANGPHLAD

Tha Thewet

Thewet Flower Market

Rama VIII Bruecke

Chao Phraya

Tha Wisut Kasat

Suan Amporn

Klong Bangkok Noi

Tha Wat Dao Dung

Tha Wat Sam Phaya

Phra Pin Klao Bridge

Tha Phra Athit

National-galerie

Marco Polo Hotel

Wat Bovornives

BANGLAMPU

Bahnhof Thonburi

Tha Thonburi Station

Tha Phra Chan

Thammasat University

National-theater

Royal Palace Hotel

Ratchadamnoen Nai

Wat Ratchanadda

Klang

Lan

Southern Bus Terminal

Phra Nok Road

Tha Phra Nok

Tha Mahathat

Amulett-markt

Sanam Luang

Theptida

Gigantenschaukel

Golden Mount

Tha Chang

Na Phra Lan Rd

Saran-rom Rd.

RATTANA-KOSIN

Wat Ratchapradit

Wat Ratchabophit

Bamrung

Klong Mon

Tha Tien

Wat Arun

Charoen Krung Rd

Pahurat-Markt

CHINA-

Talaad Pak Klong

Tha Rachinee

Talaad Kao

Tha Saphan Phut

Memorial Bridge

Tha Rajawongse

KLONG SAN

Tak-Sin-Statue

Wongwian-Yai-Bhf.

1 Wat Phra Kaeo
2 Königspalast
3 Lak-Muang-Schrein
4 Wat Mahathat
5 Nationalmuseum
6 Khao San
7 Wat Pho
8 Wat Arun
9 Wat Suthat
10 Wat Saket
11 Wat Benchamabophit
12 Vimanmek Mansion
13 Sampeng Lane
14 Old Siam Plaza
15 Wat Traimit
16 Jim Thompson House
17 Siam Square
18 Erawan-Schrein
19 Lumpini Park
20 Patpong

― 3 ― **Bangkok kompakt**   Wat Phra Kaeo/Königspalast ❯ Nationalmuseum ❯
Wat Pho ❯ Wat Arun ❯ Wat Saket ❯ Wat Suthat ❯ Chinatown ❯ Wat Traimit ❯
Siam Square

— 4 — **Zwei Zusatztage in Bangkok** Klongs von Thonburi › Khao San Road ›
Wat Benchamabophit › Vimanmek Mansion › Oriental Hotel › State
Tower › Ayutthaya

Karte
Seite
48/49

können Sie nun zum berühmten **Oriental Hotel** ❯ S. 59 fahren, dort den Tee nehmen und dann in Sirocco, der Sky Bar des nahen **State Tower** ❯ S. 66 bei einem Drink die tolle Aussicht über den Chao Phraya genießen. Eine Station des Skytrain ist wenige Meter entfernt. Gehen Sie nicht so spät

schlafen, damit Sie am nächsten Morgen gegen 6 Uhr den ersten Zug oder Bus nach ***Ayutthaya** ❯ S. 58 erwischen. In der Morgensonne ist die herrliche Ruinenstätte am schönsten, und das schattenlose große Areal auch noch erträglich kühl. Am Abend geht's zurück nach Bangkok.

Unterwegs in **Bangkok

❶ ***Wat Phra Kaeo ❶ und **Königspalast ❷

Der **Sanam Luang,** der »Königsplatz«, ist das Zentrum der Altstadt. Auf dem großen Oval wer-

den seit der Stadtgründung offizielle Feiern abgehalten, hier flattern bunte Drachen im Wind, hier wird gepicknickt und abends mit allerlei Trödel gehandelt – kurz, hier ist immer etwas los. Hinter den weiß getünchten Mauern an der Südseite drängen sich die Besucher durch die berühmteste Sehenswürdigkeit Bangkoks.

Riesige, grimmig blickende Wächterfiguren *(yaksas)* hüten die Eingangstore zum **Wat Phra Kaeo** (1782–1784), dem »Tempel des Smaragdbuddha«. Rund um die Anlage erzählen in einem Wandelgang <mark>farbenfrohe Fresken</mark> Echt gut das Ramakien. Der Weg führt zuerst zum großen Goldenen Chedi (Phra Si Ratana), der eine Reliquie Buddhas birgt. Dahinter werden in der Königlichen Bibliothek (Phra Mondhop) heilige Schriften aufbewahrt, zahlreiche Elefantenfiguren fungieren als steinerne Wächter. Hinter der Bibliothek können Sie ein Steinmodell des kambodschanischen Königstempels Angkor Wat be-

Riesige Yaksas bewachen die Eingänge

wundern. Über und über mit farbigen Fayencen geschmückt präsentiert sich das Königliche Pantheon, dessen mehrfach gestaffeltes Dach von einem Prang gekrönt wird; zwei kleine goldene Chedis, bewacht von grazilen Fabelwesen *(kinnaras)* – halb Mensch, halb Vogel –, flankieren den Eingangsweg, an den Seitentreppen winden sich goldene Nagaschlangen hinauf. Im Inneren (nur am 6. April zugänglich) stehen lebensgroße Statuen der Chakri-Könige.

Mittelpunkt und Hauptattraktion des Wat ist der Bot, der dem hochverehrten Nationalheiligtum des Landes geweiht ist. Die Thais verharren vor und im Bot in tiefer Andacht – Fotografieren ist im Inneren strengstens verboten. Unter dem vierfach gestaffelten Dach hat der berühmte, legendäre Smaragdbuddha aus grünlich schimmernder Jade seinen Sitz, auf einem vergoldeten Thron unter einem neunstufigen Schirm in 11 m Höhe. Die Figur war die kostbarste Kriegsbeute, die General Taksin vor über 200 Jahren aus Laos mitbrachte. Wertvolle Wandmalereien widmen sich dem Leben Buddhas.

Ein Tor hinter dem Bot führt in den **Großen Palast.** Die Gebäude vereinen den traditionell thailändischen Baustil mit europäischen Elementen, dienen aber heute nur noch offiziellen Zeremonien (der König wohnt weiter nördlich im Chitralada-Palast). Die prächtige Amarinda-Vinichai-Audienzhalle ließ Rama I. als Gerichtsgebäude

Im Wat Phra Kaeo

erbauen. Später diente sie als Krönungshalle, heute finden hier gelegentlich Staatszeremonien statt. Dann nimmt der König auf einem goldverzierten Thron unter dem neunstufigen Ehrenschirm Platz. Dahinter steht der alte, bootsförmige Altar.

Chakri Maha Prasat im Zentrum des Palastkomplexes lässt den europäischen Baumeister auf den ersten Blick erkennen: Das Gebäude mit seiner Renaissancefassade aus Marmor wurde 1882 von einem britischen Architekten im italienischen Stil entworfen, nur das gestaffelte Dach trägt die typisch siamesischen Züge mit Spitztürmen und farbigen Ziegeln. Eine zweite Audienzhalle, Dusit Maha Prasat, birgt einen

Im Lak-Muang-Schrein

Lak-Muang-Schrein **3**

In der Residenz des Schutzgeistes von Bangkok bitten die Menschen mit reichlichen Opfergaben um die Erfüllung von Wünschen. Die gläsernen »Briefkästen« mit den Wunschzetteln quellen beinahe über. Die Säule, die hier am 21. April 1782 als Grundstein der Stadt aufgestellt wurde, ist bereits dick mit Blattgold bedeckt, duftende Schwaden von Räucherstäbchen und Öllampen hüllen sie ein. Immer wieder werden Tänzer bezahlt, damit sie zu Ehren des Geistes tanzen.

perlmuttverzierten Thron und dient seit dem Tode von Rama I. zur Aufbahrung verstorbener Mitglieder der Königsfamilie.

Info

Die Anlage ist tgl. von 8.30 bis 15.30 Uhr geöffnet; die Paläste sind nur Mo–Fr zu besichtigen. Hinter der Kasse (das Ticket gilt auch für Vimanmek Mansion ❯ S. 55) sind in einem kleinen Museum Münzen, Dekorationen und Teile der Thai-Insignien zu sehen. 2009 wurde ein kleines Seidenmuseum eröffnet.

⚠ Die königlichen Stätten dürfen Sie nur **angemessen gekleidet** besichtigen: keine nackten Beine, ordentliche Schuhe, Schultern und Arme bis zum Ellenbogen bedeckt. Zur Not können Sie sich etwas Passendes ausleihen, müssen aber Pass oder Kreditkarte als Pfand hinterlegen.

Wat Mahathat **4**

Hinter der roten Fassade an der Westseite des Sanam Luang verbirgt sich das Kloster mit einer buddhistischen Universität. In den engen Gassen am Flussufer auf der Rückseite des Wat Mahathat herrscht täglich großes Gedränge auf dem **Amulettmarkt** (Do–Di). Winzige Stände bieten Magie, Fachliteratur sowie magisches Zubehör aller Art an, selbstredend auch gegen die Finanzkrise.

**National-museum 5

Am Nordende des Sanam Luang wurde im Nationalmuseum ohne Zweifel eine der **besten Kunstsammlungen Südostasiens** zu-

sammengetragen: zahllose Bud-
dhaskulpturen aus verschiedenen
Epochen, königliche Sänften und
Kutschen sowie Musikinstru-
mente, Schmuck, Waffen und etli-
che andere Alltagsgegenstände.
(Mi–So 9–16 Uhr, Führungen in
Deutsch Do um 9.30 Uhr)

Khao San 6

Noch immer ist die etwas nördlich der Altstadt im Viertel Banglampu gelegene »Freak Street« die
Hochburg der Rucksackreisen-
den, mit unzähligen Guesthouses,
Bars, westlichen Cafés, Massage-
salons, Billigshops, Reisebüros
und Internetlokalen. So gut wie
jeder Südostasienreisende kommt
hier mal durch. Über hundert
Clubs locken nachts mit billigen
Drinks und Verzicht auf Ausweis-
kontrolle. Inzwischen kommen
aber auch immer mehr junge
Thais zum Farang-Gucken. Ein

Eine Klongfahrt führt ins
ländliche Bangkok

Tipp ist die nahe, parallel zum
Fluss verlaufende **Phra Athit
Road,** in der sich immer mehr
Künstler und Galerien niederlas-
sen. Auch die Lokale sind hier
wesentlich besser.

**Wat Pho 7

Südlich des Königspalastes liegt
Bangkoks größter und ältester
Tempel; rund 300 Mönche leben
hier. Unter den 1000 Buddhafiguren ist auch Thailands größte:
Der Ruhende Buddha im Bot
symbolisiert den Eingang ins Nirwana – 45 m lang und gänzlich
vergoldet. Des Erleuchteten Ohr-
läppchen ruhen in 15 m Höhe, in
Perlmutt zieren 108 Symbole des
Buddhismus seine Fußsohlen.

Die vier Chedis in Grün, Oran-
ge, Gelb und Blau erinnern an die
ersten vier Chakri-Könige. Das
Wat ist bis heute ein bekanntes

Klongfahrt ins ländliche
Bangkok

Mit öffentlichen (oder auch gechar-
terten) Longtail-Booten geht es
vom Pier (Tha) Chang hinter dem
Königspalast auf dem Klong Noi
nach **Thonburi.** Hier legen die Kun-
den des Krämerladens noch direkt
mit dem Paddelboot an, und die
schwimmende Suppenküche schip-
pert mit kleinen leckeren Snacks ge-
mütlich von Hauspier zu Hauspier.
Die meisten Häuser sind noch aus
Holz und auf Stelzen über das Wasser gebaut.

Lehrzentrum für traditionelle Medizin und Massage. Man kann sich auch massieren lassen (siehe Special Wellness ❭ S. 126).

★★Wat Arun 8

Vom Pier hinter dem Wat Pho (Tha Tien) bringt Sie die Fähre hinüber zum Wahrzeichen Bangkoks: Wat Arun (19. Jh.), der »Tempel der Morgenröte«, bietet zum Sonnenuntergang einen zauberhaften Anblick. Der zentrale, 79 m hohe Prang symbolisiert nach hinduistisch-buddhistischer Philosophie die Weltenachse, den heiligen Berg Meru, umgeben von vier kleineren Türmen, den Weltmeeren. Alle sind überreich mit Mosaiksteinchen aus Porzellan besetzt.

★★Wat Suthat 9

Echt gut! Wat Suthat birgt grandiose Wandmalereien und Holzschnitzarbeiten an Türen und Fenstern. Im Viharn thront der 8 m hohe bronzene Sakyamuni-Buddha, eines der berühmtesten Relikte der Sukhothai-Periode. In den Höfen stehen chinesische Steinfiguren und Pagoden. An den roten Riesenpfählen vor dem Tempel hing einst eine Schaukel, die zu Wettbewerben genutzt wurde; nach zahlreichen tödlichen Unfällen verbot Rama VII. das Ritual. (Tgl. 8.30–21 Uhr.)

Shopping

Versäumen Sie nicht einen Bummel durch die **Bamrung Muang Road** – hier gehen die Mönche einkaufen: riesige goldene Buddhas, Fächer, Kerzen, Altäre, Bettelschalen und viele andere buddhistische Devotionalien. Beim kleinen Laden **Kor Panich** in der **Tanao Road (Ecke Bamrung Muang)** kann man den beliebten Thai-Nachtisch *khaoniao mamuang* (Klebreis mit Mango) probieren. Den Reis mit süßer Kokosmilch gibt's im Laden, die Mango kauft man vorher draußen von einem Händler.

Golden Mount und ★Wat Saket 10

Auch das ruhige Wat Saket auf dem Golden Mount lohnt einen Besuch. Sind die 318 Stufen, gesäumt von Grabsteinen, Urnen und Gebetsplätzen, erst einmal erklommen, eröffnet sich ein wundervoller Blick über die Stadt, **Echt gut** vor allem über die Altstadt bis hin zum Wat Phra Kaeo und Wat Arun.

Nördlich des Zentrums

★★Wat Benchamabophit 11

Der 1899 erbaute Marmortempel besticht durch seine Fassade – ein Bauwerk von geradezu klassischer Eleganz und Schönheit. Ein Wandelgang präsentiert eine faszinierende Sammlung von Buddhastatuen verschiedener Stile und Epochen – u.a. den berühmten Schreitenden Buddha aus Sukho-

Wat Benchamabophit, der Lieblingstempel der Königsfamilie

thai – und bietet buchstäblich Anschauungsunterricht in buddhistischer Ikonografie. Am frühen Morgen können Sie hier beobachten, wie die Mönche die Gaben der Gläubigen annehmen.

Vimanmek Mansion 🕑

1901 ließ Rama V. den größten vergoldeten Holzpalast komplett aus Teakholz errichten. Im Rahmen einer Führung können Sie antike Möbel, Gemälde, historische Familienfotos, Alltagsgegenstände und Schmuck besichtigen: Prunkvolles und Alltägliches wie alte Schreibmaschinen, Himmelbetten und Badezuber sowie die erste Dusche Siams. Außerdem werden hier auch klassische Tänze vorgeführt (tgl. um 10.30 und 14 Uhr).

Das dazugehörige Gartengelände mit kleinen Seen lädt zu einem Spaziergang ein. Sehr lohnend und vor allem kostenlos, wenn Sie die Eintrittskarte von

Wat Phra Kaeo ❯ S. 50 aufgehoben haben (tgl. 9.30–16 Uhr).

Chinatown

In den Straßen und Gassen zwischen **Yaowarat** und **Charoen Krung** (New Road) ist der chinesische Einfluss allgegenwärtig. Spätestens an den vielen Restaurants und Neonreklamen mit chinesischen Zeichen lässt sich die fernöstliche Herkunft der Bewohner erkennen: Die Läden verkaufen allerlei medizinische Wundersalben und Pulver, in den Porzellangeschäften drängen sich chinesische Kaiserfiguren und dicke lachende Buddhas, in schattigen Tempelhöfen lesen greise Männer die Tageszeitung – von oben nach unten – und in zahllosen Goldläden wird gefeilscht um jedes Karat.

Eine typisch chinesische Marktstraße ist Soi Wanit 1, besser bekannt als **Sampeng Lane** 🔟. Im Schneckentempo schiebt man

Jim Thompson House

sich hier durchs Gedränge, vorbei an Läden mit kunterbuntem Allerlei, Pfannen und Töpfen, Blumen und Obst. An der Ecke Mangkon Road liegt das **Goldgeschäft Tang To Kang** und gegenüber eine Filiale der **Bangkok Bank,** zwei besonders schöne Beispiele der klassischen Bangkoker Architektur des 19. Jhs. An der nächsten Ecke geht es links in die Soi Itsaranuphap. Auf dem Markt **Talaad Kao** werden frische und getrocknete Fische feilgeboten und, wenn Sie der Straße folgen, die gesamte Palette asiatischer Lebensmittel.

Shopping

Im überdachten indischen Stoffmarkt **Pahurat** kaufen die Bangkoker Textilien und Kurzwaren aller Art; hier finden Sie z.B. preiswerte Seidenstoffe (leider auch viele Imitationen). Hochwertige Seide erwerben Sie lieber in der **Old Siam Plaza** 14 auf der anderen Stra-

ßenseite. Hier findet man eine **fabelhafte Auswahl an handgefertigten und handgefärbten Seidenstoffen.** Eine Näherin oder Schneiderin ist stets bei der Hand. Auch wer seine Wohnung neu einrichten möchte, macht hier die Schnäppchen seines Lebens.

*Wat Traimit 15

Einen wertvollen Schatz birgt dieser Tempel am Rande Chinatowns: Aus unglaublichen fünf Tonnen reinstem Gold wurde der hier meditierende **Buddha** gegossen. Die rund 700 Jahre alte und 3,5 m hohe Figur im typischen Sukhothai-Stil war irgendwann im Laufe ihres Daseins mit Gips bedeckt worden, vermutlich um ihren wahren Wert vor den Raubbanden der Birmanen zu verbergen. Als eines Tages beim Umzug an einen neuen Standort im Tempel der Gips zersprang und das massive Gold zum Vorschein kam, trauten die Klosterwächter kaum ihren Augen.

*Jim Thompson House 16

Der Amerikaner Jim Thompson brachte nach 1945 die Seidenstoffproduktion Thailands in Schwung. Er kaufte in der Provinz sechs alte traditionelle Holzhäuser des 19. Jhs. und ließ sie in Bangkok zu einem stimmungsvollen Anwesen zusammensetzen. In den Räumen gibt es jede Menge wunderschöner Antiquitäten zu sehen. (Mo bis Sa 9–17 Uhr, www.jimthompsonhouse.com)

Rund um den Siam Square 🟥17

Der Platz ist flankiert von mehreren Einkaufszentren, nachts locken zahlreiche Discos und Kneipen wie das berühmte Hard Rock Café (❯ S. 66). Bis spät in den Abend hinein bummeln die Thais durch das **Mahboonkrong Shopping Center,** kurz MBK genannt. Im obersten Stock bieten Dutzende kleiner Garküchen Stärkung.

Hoch oben auf der Ebene des Skytrains hat sich eine eigene Welt entwickelt. Über einen Walkway geht es von der Station Siam Centre direkt in die Einkaufszentren, z.B. in die Shopping Mall **Siam Paragon,** ein Warenhaus der Extraklasse. Hier gibt es alles, vom Edelstein bis zu extravaganten Leckereien – sogar eine Buchhandlung mit einer großen Auswahl an deutschen Büchern. Im Untergeschoss befindet sich **∗∗Siam Ocean World,** das größte Aquarium Südostasiens (Mo–Fr 11–23 Uhr, Sa, So 10–22 Uhr, www.siamoceanworld.co.th). Besucher können hier mit einem Zackenzahnhai oder Spinnen-Krabben tauchen gehen.

Erawan-Schrein 🟥18

Hier herrscht ständiges Kommen und Gehen, Beten und Opfern. Immer wieder geben Tänzerinnen <mark>Kostproben des klassischen Thai-Tanzes</mark> – dem Hindugott Brahma zu Ehren, der bei liebevoller Behandlung viele Wünsche erfüllen soll und vor lauter Blumengirlanden und Weihrauch kaum noch zu erkennen ist.

Lumpini Park 🟥19

Erholung verheißt die grüne Lunge Bangkoks. Hier spielen die Thais Federball und Takraw (❯ S. 36), joggen oder mieten Ruderboote.

Patpong 🟥20

Jenseits der Rama IV. Road zieht ein berühmter Name die Menschen in Scharen an, bevorzugt nachts: Patpong. Trickreiche Bardamen, Transvestiten und aufdringliche bis aggressive Schlepper versuchen pausenlos, vor allem Männer in die oberen Stockwerke zu lotsen, wo ein paar Bier für 2000 Baht keine Seltenheit sind – und schon gar kein Versehen: Die Touristenpolizei hat nicht umsonst an der Patpong eine mobile Einsatzstelle eingerichtet! Harmlos sind die Kneipen und Go-Go-Bars im Parterre der mittlerweile drei neonblinkenden Gassen.

Shopping

Hauptattraktion von Patpong ist heutzutage der riesige <mark>Nachtmarkt,</mark> der am späten Nachmittag aufgebaut wird: Gedränge, Geschiebe und babylonisches Sprachgewirr zwischen »Rolex«-Uhren und »Armani«-Schlipsen – alles garantiert gefälscht und viel zu teuer.

❷ Mit der Reisbarke nach ***Ayutthaya

Wer einen Ausflug in das nahe Ayutthaya plant, kann dies mit einer gemächlichen Fahrt auf dem Chao Phraya durch das ländliche Thailand (mit Übernachtung an Bord) verbinden. Besonders beliebt sind die luxuriösen Reisbarken **Mekhala** (www.thairivercruise.com) und **Manohra** (www.manohracruises.com).

Ayutthaya war 417 Jahre lang eine der blühendsten Handelsstädte Indochinas. Über eine Million Menschen lebten in den Häusern und Palästen; die einst 400 Tempel bargen unzählige Kunstschätze. Dann, 1767, wurde Ayutthaya ein Opfer der Birmanen. Doch selbst die Ruinen, heute Weltkulturerbe der UNESCO, lassen noch viel von der einstigen Pracht erahnen. Für die Rückfahrt steht alternativ ein Minibus zur Verfügung.

Info

■ **Tourism Authority of Thailand (TAT)**
4 Ratchadamnoen Nok Ave.
www.tourismthailand.org
Stadtpläne, Broschüren und aktuelle Informationen. Infoschalter am Flughafen.

■ **Tourist Police**
Neben dem TAT
Zweigstellen am westlichen Ende der Khao San Rd., am Lumpini Park und abends in der Patpong Rd. Fast landesweit ist sie in Notfällen unter Tel. 1155 rund um die Uhr zu erreichen.

■ **Hauptpost (paisanee klang, General Post Office)**
Charoen Krung Rd.
Mo–Fr 8–20, Sa und So 8–13 Uhr.

Anreise

■ **Flughafen:** Der hochmoderne **Suvarnabhumi-Airport** (www.bangkokairportonline.com) für internationale und nationale Flüge liegt rund 50 km außerhalb des Zentrums (Richtung Pattaya). Seit August 2010 verbinden die Suvarnabhumi Airport Express Line nonstop sowie die Suvarnabhumi Airport City Line mit 6 Stopps den Flughafen mit der Innenstadt (Anschluss zu MRT bzw. Skytrain, 150 Baht bzw. 15–45 Baht, www.bangkokairporttrain.com). Taxis und Mietwagenfirmen bieten auf

Wat Sri Sanphet in Ayutthaya

Level 1 ihre Dienste an (Taxameter plus 50 Baht Autobahngebühr, kein Coupon-System, je nach Verkehr ist mit 250–350 Baht zu rechnen).

■ **Busse:** Richtung Süden ab **Southern Bus Terminal** (Sai Tai) in **Thonburi, Phra Pinklao Rd., Tel. 0 2435 1190,** nach Pattaya ab **Eastern Bus Terminal** (Ekamai), **Sukhumvit Rd., Tel. 0 2392 9227.**

■ **Züge:** Hauptbahnhof **Hua Lamphong** in **Chinatown, Tel. 0 2223 3762.** Fahrkarten besorgt jedes Reisebüro.

Verkehr

■ **Skytrain:** Die **Hochbahn (www. bts.co.th)** mit ihren zwei Linien verbindet Geschäfts- und Einkaufsviertel und ist mit Abstand Bangkoks bestes und schnellstes Verkehrsmittel (tgl. 6–24 Uhr).

■ **U-Bahn:** Die **Metro (www.mrta. co.th)** ist für Touristen hauptsächlich zwischen Lumpini Park und Hauptbahnhof Hua Lamphong von Interesse.

■ **Boote:** Die Schnellboote des **Chao Phraya River Express (www.chao phrayaexpressboat.com)** verkehren auf dem Flussbogen in der Innenstadt von 6–18 Uhr und halten an vielen touristisch interessanten Punkten, etwa nahe dem Königspalast, gegenüber vom Wat Arun, am River City Shopping Center, am Chinatown-Pier und an einigen Hotels. Für die kleineren, sehr lauten **Longtail-Boote** gilt: Zahlen Sie pro gechartertem Boot (nicht pro Fahrgast!) maximal 800 Baht für die erste und 400 Baht für jede weitere Std.

■ **Taxis:** Sind komfortabel und preiswert, aber bestehen Sie unbedingt auf Einschalten des Taxameters.

■ **Tuk-Tuks:** Mit den dreirädrigen, offenen Tuk-Tuks sollte man, wenn überhaupt, nur kurze Strecken fahren. Sie sind unsicher, kaum billiger als Taxis, man schluckt jede Menge Abgase, und die Gefahr, in ein unseriöses Schmuckgeschäft bugsiert zu werden, ist groß. Im Zweifel sofort aussteigen!

Hotels

■ **Sukhothai Hotel**
13/3 South Sathorn Rd.
Tel. 0 2344 8888
www.sukhothai.com
Lilienteiche, Statuen und Pagoden aus der Sukhotai-Zeit vermählte Ed Tuttle mit modernem Design-Understatement. Höchst komfortable, renovierte Suiten mit riesigen Bädern. Das Restaurant La Scala serviert vorzügliche italienische Küche, das Celadon feinste Thai-Spezialitäten, und in der coolen Zuk-Bar kann man herrlich abhängen. Am Hotelpool finden sich die Stars der asiatischen Medienszene nicht nur zum jazzigen Sonntagsbrunch und dem ==legendären Schoko-Buffet== am Freitag und Samstag ein. ●●●

■ **Oriental Hotel**
48 Soi 38][Th Charoen Krung
Tel. 0 2659 9000
www.mandarinoriental.com/ bangkok
Eines der berühmtesten Kolonialhotels Südostasiens. Die legendäre Tradition verströmen noch die Zimmer im ursprünglichen Author's Wing, wo berühmte Literaten genächtigt haben. Beim Service ist das Oriental immer noch ungeschlagen. Wenigstens einmal sollte man im Hotel den Fünfuhrtee genommen haben. Auch das Spa (am Thonburi-Ufer) gehört zu den besten der Stadt. ●●●

The Metropolitan

27 South Sathorn Rd.
Tel. 0 2625 3333
www.metropolitan.como.bz
Moderne Eleganz aus dunklem Holz, hellem Stein und viel Glas. Die 2-stöckigen Penthouse-Suiten sind ihr Geld wert. Perfekter Service, fabelhaftes Essen in den Restaurants Cy'an sowie Glow und mit dem balinesisch inspirierten Como Shambhala eines der besten Spas der Stadt. Die elitäre Met-Bar ist nur Mitgliedern, Hotelgästen und (inoffiziell) elegant gekleideten Menschen zugänglich. ●●●

Ma du Zi

9/1 Ratchadapisek
Tel. 0 2615 6400
www.maduzihotel.com
Kleines, sehr feines Luxushotel. Elegant-moderne, riesige Zimmer mit Ledermobiliar, Badezimmer mit Whirlpool, dazu viel persönlicher Service. Französisches Restaurant mit provenzalischer Gourmetküche. ●●●

Chakrabongse Villas

396 Maharaj Rd.][**Tel. 0 2622 1900**
www.chakrabongsevillas.com
Echt gut! **Ehemaliger königlicher Palast aus dem 19. Jh.** am Fluss mit herrlichem Garten und 3 luxuriösen Villen: Das Thai House ist im Ayutthaya-Stil gestaltet, die Riverside Villa (mit fabelhaftem Blick auf den Wat Arun) und die im gleichen Gebäude untergebrachte Garden Suite bieten modernsten Komfort. Neu hinzugekommen ist die Chinese Suite am Pool. Sie ist mit erlesenen Antiquitäten möbliert. Exklusives Ausflugsboot für Gäste. ●●●

The Eugenia

267 Sukhumvit Soi 31
Tel. 0 2259 9017
www.theeugenia.com
Charmante Villa im Kolonialstil mit 12 romantischen Suiten. Die Antiquitäten aus Birma, Indien und Indochina hat die Familie des Besitzers zusammengetragen. Große Betten mit Daunenkissen und weißer Bettwäsche, Badezimmer mit Kupferwannen. Panasiatisches Gourmetrestaurant, elegante Lounge und eine eigene Oldtimer-Flotte, mit der sich Gäste und Nicht-Gäste durch die Stadt kutschieren lassen können. Kleiner Pool unter Palmen. Kostenloses WLAN. ●●●

Banyan Tree

21/100 Sathorn Tai Rd.
Thai Wah Tower][**Tel. 0 2679 1200**
www.banyantree.com
Die Suiten sind bei Geschäftsleuten sehr beliebt. Das chinesische Open-Air-Restaurant und die Bar in den obersten Stockwerken garantieren tolle Ausblicke, die Wellnessabteilung bietet luxuriöse Fitness- und Gesundheitstherapien. ●●●

Ibrik Resort Sathorn

235/16 South Sathorn Rd.
Tel. 0 2211 3470
www.ibrikresort.com
Nur 3 elegante und geräumige Zimmer mit eigenem Bad und Balkon bietet dieses Boutique-Hotel in bester Silom-Lage, nur wenige Meter von der Skytrain-Station Surasak. Das Spitzenrestaurant Blue Elephant ❯ S. 63 ist gleich nebenan. ●●●

Arun Residence

36-38 Soi Pratoo Nok Yoong
Tha Tien][**Tel. 0 2221 9158**
www.arunresidence.com
Schön restauriertes altes Haus am Fluss mit 5 ganz unterschiedlich eingerichteten eleganten Zimmern, alle mit **grandiosem Sonnenuntergangsblick auf den Wat Arun.** Buchen Sie die

Fantastische Aussicht ist garantiert auf dem Dach des Banyan Tree

Arun Suite mit ihrem großen Balkon. Gutes Restaurant und opulentes Frühstück. ●●●

■ Old Bangkok Inn

609 Pra Sumen Rd.][Phra Athit Pier
Tel. 0 2629 1787
www.oldbangkokinn.com
Romantisches familiengeführtes und umweltbewusstes Boutique-Hotel. Schönes Mobiliar aus wiederverwendetem Teakholz, luxuriöse Betten, liebevoll dekorierte Bäder, Satelliten-TV und PC mit Internetanschluss zeichnen die 10 Zimmer aus. ●●●

■ Luxx

6/11 Decho Rd.
Tel. 0 2635 8800
www.staywithluxx.com
Schickes kleines Designerhotel mit Zen-Atmosphäre nahe der Silom Road (Skytrain-Station Chong Nonsi). Komfortable Zimmer, verglaste Bäder mit Holzwanne, Flachbild-TV und kostenloses WLAN. Ab 2800 Baht. 2009 kam die noch hippere Schwester LuxxXL (ab 4000 Baht) in der 82/8 Langsuan

Road am Lumpini Park hinzu (Tel. 0 2684 1111). ●●●

■ Rembrandt Hotel

19 Sukhumvit Soi 18
Tel. 0 2261 7100
www.rembrandtbkk.com
Elegantes und angenehmes Hotel unter Schweizer Leitung. Alle 407 Zimmer mit großartigem Ausblick. Dazu das Rang Mahal, das beste indische Restaurant der Stadt ❯ S. 63. ●●●

■ Phranakorn-Nornlen Hotel

46 Thewet Soi 1][Thewet Pier
Tel. 0 2628 8188
www.phranakorn-nornlen.com
Kleines charmantes, sehr umweltbewusstes Hotel in Banglampu mit relaxter Atmosphäre und liebevoll eingerichteten, klimatisierten Zimmern. Vegetarisches Frühstück inkl. ●●

■ Lub D

4 Decho Rd.
etwas abseits der Silom Rd.
Tel. 0 2634 7999][www.lubd.com
Neues und erstaunlich schickes Hostel mit modernen, komfortablen Zimmern

und großen Betten, Klimaanlage, kostenloses WLAN und Safe. Schlafsaal ab 550 Baht, DZ mit eigenem Bad. ●—●●

Shanti Lodge
37 Sri Ayutthaya Soi 16
Tel. 0 2281 2497
www.shantilodge.com
Eines der besten Guesthouses der Stadt. Zimmer und (geteilte) Bäder sind blitzblank. Mit Restaurant. Die teuersten Zimmer haben Klimaanlage und eine heiße Dusche. ●

Baan Sabai
12 Soi Rong Mai][Pramaborn
Tel. 0 2629 1599
baansabai@hotmail.com
Hübsch gemacht und ruhig in der Khao-San-Gegend gelegen. Saubere Zimmer, teilweise mit Bad und Klimaanlage. Preiswerter und besser als viele andere Guesthouses der Umgebung, daher vorher reservieren. ●

Suk 11
1/13 Sukhumvit Soi 11
Tel. 0 2253 5927][www.suk11.com
Seriöses Guesthouse mitten im Nightlife der Sukhumvit. Alle Zimmer mit Klimaanlage, Bäder mit Warmwasser. Wäschereiservice und WLAN. ●

Restaurants

D'Sens
46 Rama IV. Road
Dusit Thani Hotel
Tel. 0 2200 9000
www.dusit.com
Im 22. Stock servieren die Zwillingsbrüder Laurent und Jacques Pourcel feine südfranzösische Küche mit grandiosem Ausblick auf Bangkok. ●●●

Vertigo
21/100 Sahtorn Tai Rd.
Thai Wah Tower
Banyan Tree Hotel

Tel. 0 2679 1200
www.banyantree.com
Fusionsküche im Open-Air-Restaurant und Moon Bar im 61. Stock – mit dem besten Panoramablick in Bangkok. ●●●

Echt gut

nahm
27 South Sathorn Rd.
Metropolitan Hotel
Tel. 0 2625 3333
www.metropolitan.como.bz
Der Australier David Thompson mischt hier mit seinen gefeierten Kreationen seit Kurzem auch in Bangkok die Thaiküche auf. Direkt neben dem COMO Shambhala Urban Escape serviert das glow, das zweite Hotelrestaurant, feine gesunde Wellnessküche. ●●●

Pandanus
50 Soi Nunta][Sathorn Soi 1
Tel. 0 2287 4021
Unten Bistro, oben elegantes Restaurant mit wirklich gelungener Thaiitalienischer Fusionsküche. Besonders leckere Krebsgerichte und fabelhafte Salate, dazu köstliche Nachspeisen.
●●—●●●

Zanotti
21/1 Silom Rd.][Tel. 0 2636 0002
www.zanotti-ristorante.com
Einer der besten Italiener der Stadt. Schräg gegenüber liegt das preiswertere Schwesterlokal Vino de Zanotti (41 Soi Yommarat, Tel. 0 2636 0855), wo man auch ohne Reservierung einen Tisch bekommt. Beide beeindrucken mit ihrer Weinkarte. ●●—●●●

Baan Khanitha
36/1 Sukhumvit Soi 23
Tel. 0 2258 4181
www.baan-khanitha.com
Elegantes Thai-Lokal. Seafood und alle Arten von Thai-Genüssen mit an westliche Gaumen angepasster Schärfe.

(Filiale in der 69 South Sathorn Rd.,
Tel. 0 2675 4200.) ●●

■ **Rang Mahal**
19 Sukhumvit Soi 18
Rembrandt Hotel
Tel. 0 2261 7100 ext. 7532
www.rembrandtbkk.com
Das authentische nordindische Essen
mit seinen »königlichen«, **geheimnisvoll gewürzten Muglai-Gerichten** ist
klasse, die Aussicht vom 26. Stock
auch. Reservierung unbedingt empfohlen. Toller Sonntagsbrunch. ●●

■ **Hazara**
29 Sukhumvit Soi 38
Tel. 0 2713 6048
www.facebars.com
Das Teak-Haus im Ayutthaya-Stil
serviert panasiatische Köstlichkeiten:
nordindische, chinesische und vietnamesische Küche. In der Face Bar im
Erdgeschoss gibt's leckere Nudelsuppe.
●●

■ **Once Upon a Time**
32 Petchaburi Soi 17
Tel. 0 2252 8629
Drei alte Holzhäuser mit reizvollem
Garten sorgen für das Ambiente, die
Wände sind mit alten Postern thailän-
discher Filmstars dekoriert. Die tradi-
tionelle Thai-Küche (viele regionale
Spezialitäten) ist eher mild. ●●

Im Blue Elephant

■ **Blue Elephant**
233 Sathorn Tai Rd.
Tel. 0 2673 9353
www.blueelephant.com
Restaurierte alte Villa mit experimen-
teller Thai- und europäischer Küche,
darunter Exotisches wie Krokodil.
Reservierung empfohlen. Auch Kochkurse. ●●

■ **Bei Otto**
1 Sukhumvit Soi 20
Tel. 0 2259 4560
www.beiotto.com
Seit 20 Jahren etablierte Adresse für
Schweinshaxe, Würste, feine Back-

Dinner Cruises und Essen mit Tanz

Bei den schönen ***Dinner Cruises** auf dem Chao Phraya gleiten die Passagiere
auf alten Holzdschunken und Reisbarken an der nächtlichen Kulisse Bangkoks vorbei, während vorwiegend thailändische Spezialitäten serviert werden.
Besonders reizvoll ist die hübsche, umgebaute Reisbarke des Marriott-Hotels,
Tel. 0 2476 0021.

Klassische Unterhaltung mit **Tanzvorführungen** zum Dinner bieten Sala Rim
Naam, gegenüber dem Oriental, Tel. 0 2437 6211, und Sala Thai, Indra Regent
Hotel, Tel. 0 2208 0022.

waren und deutsche Biere. Im Laden gibt es importierte Lebensmittel. ●●

■ Le Dalat Indochine

14 Sukhumvit Soi 23
Tel. 0 2661 7967
www.ledalatbkk.com
Altes 2-stöckiges Thai-Haus, dekoriert mit Antiquitäten und chinesischer Lackmalerei. Die hier servierte **vietnamesische Küche ist vielleicht die beste in Bangkok.** Die Shrimps in Tamarindensauce sind ein Traum. ●●

■ Krua Apsorn

503-505 Sam San Rd.
Tel. 0 2685 4531
www.kruaapsorn.com
Gefeierte Thaiküche ohne Kompromisse – **fabelhafte Currys!** – in der Nähe der Nationalbibliothek. ●–●●

■ Nara

494 Ploenchit Rd
Erawan Bangkok Mall
Tel. 0 2250 7707
www.naracuisine.com
Das traditionelle Thai-Restaurant sieht viel teurer aus, als es ist. Halb Bangkok kommt hierher zum Lunch, und die **süß-scharfe Sukhothai-Nudelsuppe** mit Schweinefleisch und knackigem Gemüse kostet keine 2 €. ●–●●

■ Ricky's

22 Phra Athit Rd.][**Phra Athit Pier**
Ideal für ein westliches Frühstück in Banglampu. Hier gibt's gutes Weißbrot, Omeletts, Caffè Latte und Eiskaffee. ●

■ Roti Mataba

Phra Athit Rd.][**Phra Athit Pier**
Etwas über 2 € kostet hier **Roti (Fladenbrot) mit leckeren Füllungen:** ideal für eine Stärkung vor oder nach den Tempelbesuchen. ●

■ Chote Chitr

146 Prang Pu Thorn
Nähe Thanao Rd.][**Tel. 0 2221 4082**

Eines der ältesten Restaurants in Bangkok, mit **authentischen alten Thai-Rezepten.** Jedes der preiswerten Gerichte ist augezeichnet. Auch das Bier ist wunderbar kalt. ●

■ May Kaidee's
Vegetarian Restaurant

117/1 Thanoa Rd.][**Phra Athit Pier**
www.maykaidee.com
Preiswerte, himmlisch gute vegetarische Thai-Küche in einer Seitenstraße der Khao San Rd. (hinter dem Burger King). Die Besitzerin May gibt Kochkurse und auch ihr Kochbuch kann man hier kaufen. ●

Nightlife

■ In den Tageszeitungen **Bangkok Post** und **The Nation** findet man aktuelle Veranstaltungstipps. In kleinen Stadtmagazinen und Broschüren wie **Thailand This Week, After Dark, Out About** und **Touristways** findet man Adressen und Anzeigen; die Hefte liegen in der Regel in den Hotelzimmern oder -lobbys aus.

■ Bangkoks nächtliches Vergnügungsangebot besteht aus weit mehr als nur neonblinkenden Go-Go-Bars: Piano- und Jazzclubs, High-Tech-Discos, professionelle Transvestiten- und Folklore-Shows füllen sich allabendlich mit Gästen aus aller Welt. Ein Pendant zu **Patpong** (> S. 57) hat sich in der **Royal City Avenue** gebildet: Clubs und Discos, Szene-Treffs und Bars entlang einer 2 km langen Straße zwischen Rama IX. Rd. und New Phetchburi Rd. In der »Szene«-Straße **Thanon Tanao** nahe der Khao San Rd. trifft sich jugendliches Thai-Publikum bei Bier und Cocktails in Bars und Kneipen, z.B. im winzigen **Café de Ratchadamnoen** und in der benachbarten **Phranakorn**

In der Royal City Avenue ist jede Menge los

Galerie-Bar (58/2 Soi Ratchadamnoen Klang Rd.). Die Yuppies schwärmen bevorzugt in die schicken Tanztempel wie **Discovery** oder **Narcissus** in der **Sukhumvit Rd.** aus.

■ **BarSu**
250 Sukhumvit Rd][**im Sheraton Grande Sukhumvit**
Tel. 0 2649 8358
www.barsubangkok.com
Essen, Trinken und Tanzen lautet das Motto in diesem extrem coolen Nightclub. Sushi, Tempura, Tapas und eine eindrucksvolle Auswahl an Cocktails ziehen ein etwas reiferes Publikum an.

■ **Bed Supperclub**
26 Soi Sukhumvit Soi 11
Tel. 0 2651 3537
www.bedsupperclub.com
Das knallweiße, schicke Dekor sorgt für ein **futuristisches Ambiente in dem vielleicht bekanntesten Nightclub Bangkoks.** Die leckeren mediterran-asiatischen Gerichte verspeist

cht gut!

man auf Betten hingelümmelt. Ab 23 Uhr legen die besten DJs der Stadt auf.

■ **Q Bar**
34 Sukhumvit Soi 11
Tel. 0 2252 3274
www.qbarbangkok.com
Höchst beliebte Party-Location mit vielen internationalen DJs, die vorwiegend House, Hip-Hop, Drum 'n' Bass und Soulful Jazz auflegen. Tolle Cocktailkarte. Oben heißt es »Members Only«.

■ **Glow**
96/4-5 Sukhumvit Soi 23
Tel. 0 2261 3007
www.glowbkk.com
Kleine, aber sehr hippe Cocktail-Lounge mit cooler Musik und viel »glühendem« Lichtwechsel.

■ **808**
Royal City Avenue][**Rama 9 Rd.**
Tel. 0 2203 1043
www.808bangkok.com

Heißer neuer Underground-Club mit gigantischem Soundsystem, das viele internationale DJ-Größen anlockt. Junges, trendiges Publikum.

■ **Bar Bali**

58 Phra Athit Rd.][**Tel. 0 2629 0318** Idealer Ort zum Abhängen nach einem langen Sightseeing-Tag. Kunstausstellungen und Livemusik.

■ **Hippie De Bar**

46 Khao San Rd.][**Tel. 0 2629 3508** Trotz des Namens keine Hippie-Location, sondern eine der coolsten und ruhigsten Bars in der trubeligen Khao San Rd. mit gemischtem Publikum.

Die heißesten Nightlife-Tipps im Süden Thailands

■ Der **Bed Supperclub** gilt mit seinem durchgestylten futuristischen Ambiente als schickster Nightclub von Bangkok > S. 65.
■ Eine besonders beliebte Party-Location betuchter Thais in Bangkoks Sukhumvit, und das garantiert ohne »professionelle Damen«, ist die **Q Bar** > S. 65.
■ **808** heißt der neue heiße Treffpunkt der sehr trendigen Underground-Szene von Bangkok > S. 65.
■ Mit House und Techno sorgt Phukets **Club Lime** für hippe Unterhaltung am Patong Beach, meilenweit entfernt vom Treiben der benachbarten Girly-Bars > S. 75.
■ **Timber Hut** feiert mit den besten Bands der Insel die ausschweifendsten Partys in Phuket Town > S. 87.
■ Ko Samuis **Q Bar** ist eine neue schicke Lounge am Chaweng Beach > S. 120.

■ **The Club**

123 Khao San Rd.][**Tel. 0 2629 1010** **www.theclubkhaosan.com** Drum 'n' Bass, House und Tribal mit jeder Menge zuckender Farblaser. Donnerstags **Party à la Ko Phangan** mit psychedelischer Trancemusik.

■ **Sirocco**

The Dome at Lebua **1055 Silom Rd.**][**Tel. 0 2624 9555** **www.lebua.com** Überteuertes Essen, aber einen Drink in dieser Sky Bar mit **fabelhafter Aussicht über den Chao Phraya** sollte man sich gönnen.

■ **Saxophone Pub**

Victory Monument][**Phaya Thai Rd.** **Tel. 0 2246 5472** **www.saxophonepub.com** Junges und jung gebliebenes Publikum trifft sich hier bei Jazz-, Blues- und Reggae-Livemusik. Sonntagabends Live-Jamsession. Auch das Essen ist wirklich gut.

■ **Brown Sugar**

213/20 Sarasin Rd. **Tel. 0 2250 0103** In der Nähe des Lumpini Park wird hier jede Nacht außer Sonntag bester Live-Jazz gespielt.

■ **Hard Rock Café**

Siam Square Soi 11][**Rama I. Rd.** **Tel. 0 2658 4090** **www.hardrock.com/bangkok** Am Tuk-Tuk über dem Eingang schon von Weitem zu erkennen: Jeden Abend gibt es Livebands und Deftiges auf drei Etagen.

Shopping

■ Empfehlenswert für einen Einkaufsbummel sind **Silom Village** und **Silom Plaza** mit vielen Boutiquen, Restaurants und Cafés, beide an der Silom Rd.

Hypermoderne Einkaufszentren sind **Siam Square, Siam Center** und **Siam Paragon** › S. 57, alle am Siam Square, sowie **Sukhumvit Plaza** gegenüber Sukhumvit Soi 17. An der Charoen Krung Road um das Oriental Hotel konzentrieren sich Antiquitäten- und Schmuckläden; Antiquitäten und gute Schneider findet man im **River City Shopping Center.** Wahre Fundgruben für Seiden- und andere Stoffe sind die Sois entlang der Sukhumvit Rd. und in Chinatown, vor allem das **Old Siam Plaza.**

■ **Emporium**
622 Sukhumvit Road
www.emporiumthailand.com
Bangkoks feinstes Kaufhaus und dazu eine exquisite Schlemmeradresse: Food Hall mit Aussicht in der 6. Etage.

■ **Rajawongse Clothiers**
130 Sukhumvit Rd.][Nähe Soi 4
Tel. 0 2255 3714
www.dress-for-success.com
Vater und Sohn führen neben dem

Landmark Hotel Bangkoks **bestes Geschäft für maßgeschneiderte Anzüge.** Hier kleideten sich schon US-Präsidenten und Popstars ein. Einen Anzug von bester Qualität gibt es schon ab 200 €.

■ **Rasi Sayam**
82 Sukhumvit Soi 33
Tel. 0 2262 0729
Kunsthandwerk aus ganz Thailand in Topqualität, kenntnisreiche Inhaber.

■ **Venus Jewelry**
167/1/2 Witthayu Rd.
Tel. 0 2253 9559
www.venus-thailand.com
Dieser Juwelier gilt als eine der seriösesten Adressen Bangkoks. Auf Wunsch wird man im Hotel abgeholt.

■ **Orchid Books**
191 Silom Road][Silom Complex
4. Stock][Tel. 0 2930 0149
www.orchidbooks.com
Größte Auswahl an Büchern über Thailand und Asien, auch viele vergriffene Titel.

■ **Narayana Phand**
Ratchadamri Rd.][nähe Rama I. Rd.
Bangkoks größtes Kunstgewerbezentrum bietet alles, was das Herz an Souvenirs nur begehren kann (tgl. 10–20 Uhr).

■ **Thai Craft Museum Shop**
Gaysorn Plaza
Schöne Kunsthandwerksabteilung im Gaysorn Plaza neben Narayana Phand; auf derselben Etage kann man sich bei **To Nature** massieren lassen.

Markt der Superlative: der **Chatuchak-Weekend-Markt

Auf dem Dauerbrenner für entschlossene Shopper an der Phaholyothin Rd., nahe Northern Bus Terminal und Endstation des Skytrain, kann jeder seiner Kaufwut freien Lauf lassen. Hunderte von Ständen drängen sich in einem liebenswerten Chaos. Hier können Sie wundervoll und hautnah Bangkoker Alltag erleben. Tolle Souvenirs sind coole Shirts, Musikinstrumente, Kunsthandwerk der Bergvölker, Amulette, Antiquitäten und Kreationen junger einheimischer Designer. Gegessen wird in unzähligen Garküchen. (Tgl. bis Sonnenuntergang, aber möglichst frühmorgens kommen. Inoffizieller Führer im Web unter www.chatuchak.org).

**Phuket

Nicht verpassen!

- Am Kap der Götter den blutroten Sonnen- untergang erleben
- Im Galopp über den endlosen Mai Khao Beach reiten
- In Patongs schicker Seduction Discotheque abtanzen
- An den Marktständen in Phuket Town Nudeln in scharfem Curry essen
- In die farbenfrohe Unterwasserwelt am Shark Point südlich von Koh Yao Yai eintauchen
- Dem Liebesheulen der Gibbons im Regenwald des Khao Phra Taeo National Park lauschen

Zur Orientierung

Aus der einstigen Dschungelinsel – der größten Insel Thailands – ist über die Jahre ein mondänes Urlaubsparadies geworden. Schon vor 1800 Jahren suchten hier Seefahrer aus dem Abendland Elfenbein und Rhinozeroshorn, Perlen und Edelsteine. Heute empfangen Liegestühle in Reih und Glied die Besucher aus aller Welt. Die weltweit bekanntesten Nobelherbergen verwöhnen ihre Gäste unter Palmen, Segeljachten blinken in der Andamanensee, der delikate Phuket-Lobster verspricht unvergessliche Gaumenfreuden, und nicht nur Wassersportler haben die Qual der Wahl zwischen 16 Stränden und mehr als 30 größtenteils unbewohnten Inseln. An der Westküste liegen die populärsten Hotelstrände wie Patong, Karon und Kata. An den schönen Strandbuchten im Norden siedeln sich immer mehr Traumresorts an. Landeinwärts findet man Kautschukplantagen und Regenwälder mit herrlich kühlen Wasserfällen. Mit seiner sino-portugiesischen Architektur, einem Erbe des einträglichen Zinngeschäfts alter Tage, ist der Hauptort Phuket Town unbedingt einen Besuch wert, und vom Sonnenuntergang am Laem Phromthep, dem »Kap der Götter«, wird man noch jahrelang träumen.

Phukets Westküste am Laem Sing Beach bei Kamala

Tour in der Region

Kreuz und quer über Phuket

⑤ **Phuket Town** › **Bang-Pae-Wasserfall** › **Ao Po** › **Ko Nakha Noi** › **Nai Yang Beach** › **Thalang** › **Khao Phra Taeo National Park** › **Surin Beach** › **Kamala Beach** › **Patong** › **Phuket Town**

Dauer: 1 Tag, ca. 120 km
Praktische Hinweise: Die Straßen führen auf mitunter halsbrecherischen Routen über die Hügel und Felsklippen Phukets, und die Fahrweise der Einheimischen ist für Europäer mehr als gewöhnungsbedürftig. Viele Touristen mieten Motorräder, aber es kommt häufig zu Unfällen. Ziehen Sie einen Mietwagen vor.

Starten Sie frühmorgens, wenn die Morgensonne die sino-portugiesischen Häuser von ***Phuket Town** › S. 86 in schönes, klares Fotolicht taucht. Auf der Straße 402 geht es Richtung Norden. Nach ein paar Kilometern fällt im Kreisverkehr ein Denkmal auf, das die Schwestern Chan und Mook ehrt. Sie vertrieben die birmanischen Truppen 1785 mit einer List. Kurz davor, beim **Thalang National Museum** › S. 85, zweigt die Straße 4027 rechts ab. Folgen Sie von dieser nach kurzer Fahrt durch üppig grüne Landschaft dem Wegweiser zum **Bang-Pae-Wasserfall** › S. 84, der in herrlicher Regenwaldlandschaft mit riesigen Bäumen und Lianen plätschert und in der Monsunzeit kräftig anschwillt. Zurück auf der Hauptstraße ist dann fast schon das Dorf **Bang Rong** erreicht.

An der Flussmündung starten Longtail-Boote in die Phang Nga Bay › S. 101 zur Insel Ko Yao Noi › S. 88. Fahren Sie auf einer Nebenstraße weiter nach **Ao Po.** Von dort kommen Sie mit Longtails in 20 Minuten zur Perlenzuchtfarm auf **Ko Nakha Noi** › S. 88, wo sie auch einen schönen Sandstrand finden. Zurück in Ao Po fahren Sie über Bang Rong auf der Straße

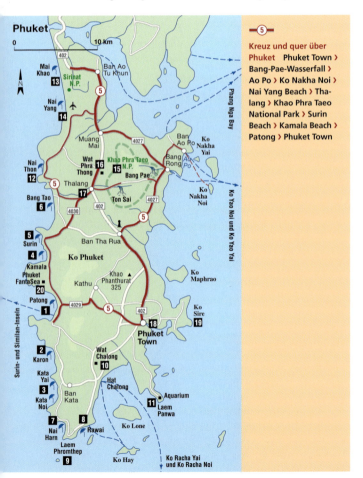

Phuket

0   10 km

⑤

Kreuz und quer über Phuket › Phuket Town › Bang-Pae-Wasserfall › Ao Po › Ko Nakha Noi › Nai Yang Beach › Thalang › Khao Phra Taeo National Park › Surin Beach › Kamala Beach › Patong › Phuket Town

4027 ins Dorf **Muang Mai** und von dort auf einer kleinen Straße südlich des Flughafens zum **Nai Yang Beach** ❯ S. 83, der Teil des **Sirinat National Park** ❯ S. 83 ist. Durch Gummibaumplantagen und Reisfelder geht es – wenn Sie möchten mit Abstecher zum ruhigen **Nai Thon Beach** ❯ S. 83 – durch eine sanfte, grüne Hügellandschaft nach **Thalang** ❯ S. 85. Dort können Sie die buddhistischen Tempel **Wat Phra Nang Sang** ❯ S. 85 und ***Wat Phra Thong** (etwas nördlich) ❯ S. 85 besichtigen und anschließend die Straße zum östlich gelegenen ***Khao Phra Taeo National Park** ❯ S. 84 mit dem **Gibbon Research Center** nehmen. Die Wanderung zum **Tone-Sai-Wasserfall** ❯ S. 84 wird mit einem erfrischenden Bad belohnt. Von Thalang geht es anschließend auf der Straße 4030 nach Süden, vorbei an zahllosen Obstplantagen. Am Strand von **Surin** ❯ S. 78 können Sie ins türkisfarbene Meer springen. Über **Kamala** ❯ S. 78 geht es zum **Patong Beach** ❯ S. 72. Von dort führt die Straße 4029 quer über die Insel zurück nach Phuket Town.

Verkehrsmittel

Der **Phuket International Airport** liegt 28 km nördlich von Phuket Town. Transfer zu den Stränden mit Coupon-Taxis; die Preise (immer pro Wagen, nicht pro Person!) liegen in der Ankunftshalle aus. Ein blaugelbes Taxi mit Taxameter kostet vom Flughafen nach Phuket Town etwa 700 Baht. Ein Minibus von Thai Airways fährt stdl. nach Phuket Town, zum Patong, Kata und Karon Beach.

Vom **Phuket Bus Terminal** (Tel. 0 7621 1480) im Osten von Phuket Town fahren **Busse** u.a. nach Bangkok (10–14 Std.), Krabi (4 Std.), Phang Nga (2½ Std.), Suratthani (4½ Std., von dort setzt die Fähre nach Ko Samui über) und Trang (5 Std.).

Nach **Khao Lak** kommt man mit dem Taxi (1 Std.) oder Bus ab Phuket Town Richtung Takua Pa.

Lokalbusse und **Songthaeos** fahren vom lokalen Busbahnhof von Phuket Town (vom Markt in der Ranong Rd.) zu den Stränden (20–30 Baht). In Phuket Town selbst und zwischen den Stränden verkehren Tuk-Tuks (relativ teuer, die Strecke Patong–Karon nicht unter 200 Baht!).

Eine empfehlenswerte Mietwagenfirma in Phuket Town ist **Pure Car Rent**, 75 Rasada Rd., Tel. 0 7621 1002, www.purecarrent.com (ca. 1200 Baht/Tag).

Unterwegs auf **Phuket

Die Haupt-
strände

Patong Beach ❶

Im Zentrum des regen Phuket-Tourismus ist immer etwas los: Tagsüber lassen die vielen Windsurfsegel, PS-starken Chopper und ein Heer von Strandhändlern keinen Zweifel an der Aktions- und Kauffreude der Urlauber. Der breite Strand zieht sich über 4 km von Nord nach Süd. Leider verläuft die Straße zwischen den meisten Hotels und dem Strand. Schwimmer haben es zudem an manchen Stellen nicht leicht – unzählige Speedboote, Surfer, Jetskifahrer und Paraglider lassen ihnen gerade mal kleine abgesperrte Bereiche, um in Ruhe das Meer zu genießen.

Zahllose Restaurants – die elegantesten mit tollem Ausblick am nördlichen Strandabschnitt **Kalim Beach** – buhlen um die Gunst der Gäste. So mancher Liebhaber von Meeresfrüchten kommt jedes Jahr nur deswegen zurück nach Phuket, andere wegen des nächtlichen Amüsements: Die Neonlichter der Bars flackern, die Bässe dröhnen, Go-Go-Girls und -Boys tanzen, Touristen flanieren, und die Thais kreisen auf Mopeds durch den Ort – sehen und gesehen werden lautet das Motto. Doch nur wenige Minuten von Patong entfernt gibt es noch immer einen Hauch Freiheit, etwa am kleinen **Laem Singh Beach** im Norden oder am **idyllischen Freedom Beach** zwischen Patong und Karon, den man nur mit einem Boot erreicht. `Echt gut`

Patong Beach – der beliebteste Strand auf Phuket

Info

Touristenpolizei im Zentrum Patongs an der Strandstraße.

Hotels

■ **Millennium Resort Patong**
199, Rat-U-Thit][200 Pee Rd.
Tel. 0 7660 1999
www.millenniumhotels.com
Mit der schicken Jungceylon Shopping Mall verbundenes Luxusresort mit zwei getrennten Hotelflügeln und schönem Atrium. Modern-elegant eingerichtete, durch warme Töne wohnlich gestaltete Zimmer. Die Cabana Rooms haben eine Privatterrasse mit großem Jacuzzi und Zugang zum Pool auf dem Dach. Mehrere schicke Restaurants und Bars. ●●●

■ **Baan Yin Dee**
7/5 Muean Ngen Rd.
Tel. 0 7629 4104
www.baanyindee.com
Charmantes und intimes Resort mit 21 geräumigen Zimmern mit Balkon, eingerichtet in hippem, modernem Thai-Stil. Großer Pool und exzellentes Restaurant. Trotz der Lage erstaunlich ruhig. ●●●

■ **Novotel Phuket Resort**
282 Prabaramee Rd.
Tel. 0 7634 2777
www.novotelphuket.com
Große tropische Gartenanlage am Hang oberhalb des Kalim Beach. Komfortable, geräumige Zimmer, 3 schöne Pools, viel gerühmter Service und ein breites, sehr familienfreundliches Freizeitangebot. Preiswerter als vergleichbare Unterkünfte. ●●●

■ **Impiana Phuket Cabana**
41 Taweewong Rd.
Tel. 0 7634 0138
www.impiana.com

Tolle Lage mitten in Patong und direkt am Strand. Die 70 Zimmer wurden nach dem Tsunami komplett neu gestaltet. Thai-Kunst schmückt das Foyer, das Restaurant ist erstklassig, ebenso der Service. In der Tapas-Bar kann man sogar kubanische Zigarren paffen. Schöner Pool, renommiertes Tauchzentrum und Spa mit tollem Ausblick. ●●

Traumstrände für Romantiker

■ **Nai Harn** ist ein besonders idyllischer Strand auf Phuket ❯ S. 82.
■ **Nai Yang** im Nordwesten von Phuket sieht noch immer mehr Meeresschildkröten als Strandurlauber ❯ S. 83.
■ Krabis **Phra Nang** ist mit seinen dramatischen Felsformationen und dem schneeweißen Sand einer der schönsten Strände Thailands ❯ S. 103.
■ **Maya Bay** auf Ko Phi Phi war Drehort von »The Beach«: ein smaragdgrüner Traum, jedenfalls am frühen Morgen ❯ S. 106.
■ **Ko Bu Bu**, eine Privatinsel vor der Ostküste von Ko Lanta mit herrlichen weißen, von Urwald gesäumten, einsamen Strandbuchten ❯ S. 109.
■ **Kradan Island** im Trang-Archipel besitzt fabelhafte schneeweiße Robinsonstrände ❯ S. 111.
■ **Ko Bulon Le** ganz im Süden ist eine Trauminsel mit gleißend weißen Sandstränden und glasklarer türkiser See ❯ S. 111.
■ **Hat Khuat** ist ein nur mit dem Boot zugänglicher, nahezu unberührter Strand an der Nordküste von Ko Phangan ❯ S. 129.

■ Baipho & Baithong

205 Rat Uthit Rd.][**Tel. 0 7629 2074**
www.baipho.com

Echt gut! Schicke Zwillingshotels mit **mystisch ausgeleuchtetem Zen-Buddha-Design** und viel Komfort. Das Restaurant serviert gute italienische und Thai-Küche, dazu Spitzencocktails. Gäste benutzen den Pool des benachbarten Montana Grand Phuket. ●●

■ Little Buddha Guest House

74/31 Nanai Rd.][**Tel. 0 7629 6148**
www.littlebuddhaphuket.net
Charmante, preiswerte Unterkunft mit blitzsauberen, geschmackvoll möblierten Zimmern, netten Bädern und nur einen kurzen Spaziergang vom Strand und der Jungceylon Mall gelegen. WLAN-Zugang kostenlos. ●

■ Capricorn Village

2/29 Rat Uthit Rd.][**Tel. 0 7634 0390**
Preiswerte Bungalows mit Terrasse und Blick in einen ruhigen Garten. Reizender Service. Gäste dürfen den Pool im üppigen Garten des benachbarten K's Hotel (mit Biergarten!) mitbenutzen. ●

Restaurants

■ Baan Rim Pa

Kalim Beach][**Tel. 0 7634 0789**
www.baanrimpa.com
Elegantes Thai-Restaurant im Teakholz-Look in romantischer Lage über den Klippen. **Echt gut!** **Besonders lecker die scharfe Gemüsesuppe mit Shrimps,** *gaeng liang goong.* Noble Weinkarte, dazu Live-Jazz. ●●●

■ Mengrai Seafood

Soi Tun (Nähe Soi Bangla)
Unauffälliger Food Court in einer **Echt gut!** dunklen heißen Gasse, in dem **köstliche und knackfrische Thai-Küche** serviert wird. Hier essen viele Einheimische zu sehr günstigen Preisen. ●

■ Da Maurizio

Kalim Beach][**Tel. 0 7634 4079**
www.damaurizio.com
Gleich neben dem Baan Rim Pa. Italienische Romantik mit leckerer Pasta, Pizza aus dem Holzofen, köstlichem Seafood wie Phuket-Lobster und schwarzen Krabben aus Phang Nga, dazu eine eindrucksvolle Weinkarte. Die Dolci sind besonders gut. Spektakuläre Sonnenuntergänge. ●●●

■ Sala Bua

41 Taweewong Rd.
im Impiana Phuket Cabana
Tel. 0 7634 2100
www.sala-bua.com
Erstklassige asiatisch-westliche Fusionsküche in grandioser Strandlage. Butterweiche saftige neuseeländische Steaks oder Krabbenravioli. ●●●

■ Patong Seafood

98/2 Taweewong Rd.
Tel. 0 7634 1244
Knackfrisches Seafood. Hummer, Krabben und Fisch werden nach persönlichen Wünschen zubereitet. **Die gekochten Muscheln auf Thai-Art sind der Knüller.** ●●

■ Baluchi

64/39 Taweewong Rd.
im Horizon Beach Resort
Tel. 0 7629 2526
Patongs schickster Inder mit freiem Blick in die Küche serviert leckere Tandoori-Gerichte aus Nordindien, darunter vorzügliches Kaschmir-Lamm und saftige Riesen-Scampi. ●●

■ Coyote Bar & Grill

94 Beach Road][**Tel. 0 7634 4366**
www.coyotephuket.com
Beim besten Mexikaner Phukets gibt's schmackhafte Quesadillas, Tacos, Burritos, Enchiladas usw., dazu über 75 Varianten Margaritas. ●●

■ Thainaan Restaurant

16 Wichit Songkram Rd.
an der Straße von Patong nach
Phuket Town][Tel. 0 7622 6164-7
www.thainaanrestaurant.com
Ein lukullisches und visuelles
Erlebnis – dafür sorgen die besten
Köche Phukets und graziöse Thai-
Tänzerinnen in diesem 2000 Gäste
fassenden, überwiegend aus Teakholz
erbauten Haus. ●●

Nightlife

■ Bierbar an Bierbar reiht sich in der
Soi Bangla, und wer sich hier mit den
Bargirls auf das simple Kinderspiel
»Connect Four« einlässt, wird mit
ziemlicher Sicherheit viele Hundert-
Baht-Scheine zum Verlieren brauchen.
Die Irish Pubs **Scruffy Murphy's**
(www.scruffymurphysphuket.com)
und **Molly Malone's** (www.molly
malonesphuket.com) sind besonders
populär. Wenn diese schließen, zieht
es die Nachtschwärmer weiter in die
Soi Sunset.
■ Nicht versäumen sollte man eine
der Transvestitenshows des **Simon
Cabaret** (s. Special ❯ S. 80).
■ Zu den Klassikern gehört die
Banana Disco in der **Thawiwong Rd.,**
die viele »freischaffende« Damen
anzieht, aber weniger anrüchig wirkt
als die Go-Go-Bars in der **Soi Bangla.**
House und Techno spielt der **Club
Lime** in der Patong Beach Rd., Ecke Soi
Namyen, und brandneu ist der im Ein-
kaufszentrum Jungceylon untergebrachte futuristische **Nightclub
Sound.** Im **Saxophone** wird guter
Jazz und Blues gespielt. Beliebt sind
auch **Club 730**, die **Safari Disco** sowie die **Seduction Discotheque**
(www.seductiondiscotheque.com).

Karon Beach ❷

Den weiten Karon Beach begrenzt
eine hohe Düne parallel zur
Strandstraße: Schatten bieten
zahlreiche Sonnenschirme, unter
denen in erster Linie Touristen
aus Skandinavien liegen. Das Angebot an Wassersport und nächt-
licher Zerstreuung ist gut, aber
nicht mit Patong zu vergleichen.
Auch in Karon trennt die Straße
Hotels und Strand.

Hotels

■ **Mövenpick Resort and Spa**
Tel. 0 7639 6139
www.moevenpickhotels.com
Topmodernes Hotel mit tollem Design,
riesigem Pool und Spa. **Die Zimmer
haben Panoramafenster, einige der
Villen sogar Privatpool.** ●●●

Echt
gut!

■ **Marina Phuket Resort**
Tel. 0 7633 0625
www.marinaphuket.com

Bildschöne Gartenanlage mit Bungalows im Thai-Stil (einige auf Pfählen
über dem Meer) in einem Palmenhain
auf einem Hügel. Großer Pool, Privat-
strand. Im guten Restaurant On The
Rock wird überwiegend Thai-Küche
serviert. ●●●

■ **Phuket Orchid Resort**
Tel. 0 2674 5555
www.phuketorchidresort.com
Ausgedehnter 3-geschossiger Hotelkomplex mit 512 komfortablen Zimmern in Bungalows und Reihenhäu-
sern, dazu 3 Pools und Wasserrutsche.
●●●

Restaurants

■ **Thai Thai**
im Hilton Arcadia Resort
Tel. 0 7639 6433
www.hilton.de/phuketarcadia
Sehr gutes Thai-Restaurant mit köstli-
cher scharfer Garnelensuppe und
Flusskrebsen in Tamarindensauce.
●●●

■ **Mama Noi's**
Karon Plaza][Tel. 0 7628 6272
Leckere Thai-Currys und italienische
Pasta: hier eine perfekte Kombination.
Unbedingt den Bananenshake
probieren! ●–●●

■ **Great Curries of India**
Centara Mall
Fein gewürzte Currys, Kebabs und
Tandoori-Chicken – auch zum Mit-
nehmen. ●

Nightlife

Vor und nach Sonnenuntergang trifft
man sich im neuen **10's Coffee** (kos-
tenloser Webzugang), im Irish Pub
Angus O'Tooles, in der Bar **Las Margaritas** und im **Candlelight** mit Live-
Reggae am Dienstag.

Traumhafter Blick von Ao Po im

Kata Beach 🄸

Zwischen bewaldeten Hügeln erstrecken sich die beiden Kata-
Strände. Am **Kata Yai** mit dem
Club Mediterranée rollen die
Wellen in einer breiten Front an
den Strand, der im Süden ans
Dorf Kata mit vielen Bars, Sou-
venirshops und Imbissständen
grenzt – ideal für Surfer, Schwimmer, Strandspaziergänger und
Sonnenanbeter. Der kleinere **Kata
Noi** wird komplett vom Katathani Hotel direkt am Strand do-
miniert, dessen Gäste stets die
kleine Insel Pu im Blickfeld haben
und dorthin zum Schnorcheln
ausschwärmen.

Hotels

■ **Katathani Hotel**
Tel. 0 7633 0124
www.katathani.com

Norden Phukets hinüber in die Phang Nga Bay

Beliebte, große Hotelanlage mit verschiedenen Gebäuden, Pools und mehreren internationalen Restaurants, direkt am Strand. ●●●

■ Mom Tri's Boathouse

Tel. 0 7633 0015-7
www.boathousephuket.com
Schönes kleines Luxushotel in Traumlage am Strandende mit komfortablen Zimmern im modernen Thai-Stil, viele mit tollem Meerblick. Die zwei neuen Dolphin Pool Villas bieten sogar Butlerservice. Außerdem ein Spa und ein kleiner Pool. Das renommierte Restaurant **Boathouse Wine & Grill** serviert beste französische und Thai-Küche und hat **eine spektakuläre Weinkarte.**

●●●

■ Kata Delight Villas

Tel. 0 7633 0636
www.katadelight.com
Oberhalb der Kata-Yai-Bucht, sehr ruhig, viele Stammgäste. ●●—●●●

Restaurants

■ The Horn Grill

2/37 Kata Plaza][**Tel. 0 7628 5173**
Gutes Steakhaus mit saftigem australischen Rind- und Lammfleisch, aber auch das Huhn auf Cajun-Art ist lecker. Feine Desserts und gute Weinkarte. ●●

■ Kata Mama

Tel. 0 7628 4301
Leckere Thai-Küche mit viel frischem Seafood am Südende von Kata Yai. ●

Nightlife

Am Kata Beach trifft man sich abends in der **Ska Bar**, im **Easy Rider** und in der **Bang Bar II.** Bezahlte Begleitung gibt es auch hier, doch ist die Szene weniger aufdringlich als in Patong. Geradezu unverschämt kitschig präsentiert sich der **Sonnenuntergang von der Terrasse der After Beach Bar** oberhalb von Kata. Und dazu spielt Bob Marley.

Kamala Beach ▣

Der weite goldene Sandstrand war vom Tsunami stark betroffen. Dafür sind die Resorts hier neuer und die Atmosphäre wesentlich ruhiger und freundlicher als im nahen Patong. Leider tauchen inzwischen die ersten Jetskis auf. Im Dorf **Kamala** leben sehr viele freundliche Muslime. Außer direkt am Strand empfiehlt sich dezente Kleidung

Hotels

■ **Thavorn Palm Beach Resort**
Nakalay Beach][zwischen Patong und Kamala
Tel. 0 7639 6090-3
www.thavornpalmbeach.com
Thai-Architektur und -Einrichtung sowie riesige Pool-Landschaft und Spa.
●●●

■ **Layalina Hotel**
Tel. 0 7638 5944
www.layalinahotel.com
Elegantes Boutique-Hotel mit modernem Thai-Schick, ideal für flitternde Pärchen. Am schönsten sind die 2-stöckigen Suiten mit Dachterrasse, von der man die romantischen Sonnenuntergänge genießt. Der Pool ist zwar winzig, aber dafür gibt's **Echt gut!** pärchentaugliche Jacuzzis in den Zimmern, und zum Ozean sind es nur wenige Meter. ●●●

Restaurant

■ **Rockfish**
33/6 Hat Kamala][Tel 0 7627 9732
www.rockfishrestaurant.com
Schickes Restaurant mit Meerterrasse und tollen Sonnenuntergängen. Die Fischgerichte sind vorzüglich, die Preise relaxt. ●●—●●●

Surin Beach ▣

Der weite Sandstrand hat sich seine familiäre Atmosphäre bis heute bewahren können. Kleine einfache Geschäfte und Restaurants, die preiswertes Seafood servieren, säumen die von Palmen und Pinien beschattete Strandpromenade, und auf den Rasenflächen spielen Schulkinder Volleyball. In den Hügeln versteckt bieten schicke moderne Resorts jede Menge Luxus, doch kommt kein Ghettogefühl auf. Viele Europäer lassen sich hier auch auf Dauer nieder, und am Nordende des Strands entstehen immer mehr Luxusapartments. Surfer schätzen die hier während der Monsunzeit heranrollenden mächtigen Wellen.

Hotels

■ **Amanpuri Resort**
Pansea Beach][nördlich von Surin
Tel. 0 7632 4333
www.amanresorts.com
Pavillons und Villen im thailändisch-traditionellen Baustil. Luxus und Eleganz pur mit hohem Promifaktor, den Sie ab 800 € die Nacht miterleben können. Italienische Spitzenküche, wunderschönes Spa. ●●●

■ **Twin Palms**
Surin Beach][Tel. 0 7631 6500
www.twinpalms-phuket.com
Perfekte Mischung aus urban-lässigem Schick und tropischem Wassergarten mit 2 großen schönen Pools in sehr gepflegter Gartenanlage und renommiertem Spa. Zu Fuß nur 2 Min. zum Strand mit privatem Abschnitt, perfekter Service. **Toller Sonntagsbrunch.**
●●●

Echt gut

Bang Tao Beach 6

Nahe der kleinen muslimischen Siedlung Bang Tao mit der größten Moschee auf Phuket waren am südlichen Bang Tao Beach ebenfalls einige der Hotels vom Tsunami beschädigt. Die Luxusanlagen des Laguna-Komplexes an der nördlichen Bucht in einer ökologisch aufwendig sanierten einstigen Zinnmine waren aber nur geringfügig betroffen.

Massage im Spa des Banyan Tree

Hotels

Unter dem Namen **Laguna Phuket** (www.lagunaphuket.com) haben sich fünf Luxushotels zusammengeschlossen: mit 1000 Zimmern, 25 Restaurants, 11 Tennisplätzen, 3 Fitnesscentern, unzähligen Boutiquen – etwa im Shoppingcenter Canal Village – und vielen weiteren Attraktionen, die von allen Gästen gemeinsam genutzt werden können:

■ **Allamanda Laguna**
Tel. 0 7636 2700
www.allamanda.com
Nicht am Strand, sondern an einem See liegen die 2-stöckigen Häuser, wo sich besonders Familien mit Kindern wohlfühlen. ●●●

■ **Banyan Tree**
Tel. 0 7632 4374
www.banyantree.com
Klassisch thailändisch: Villen (teils mit Privatpool) und ein fernöstlich inspiriertes Angebot für das Wohlbefinden von Körper und Seele, z.B. im luxuriösen Spa. ●●●

■ **Dusit Laguna**
Tel. 0 7636 2999
www.dusit-laguna.com
Eingerahmt von Meer und Lagunen, mit thailändisch-historischem Interieur

in einer weitläufigen Hotelanlage mit Pool. ●●●

■ **Laguna Beach Resort**
Tel. 0 7632 4353
www.lagunabeach-resort.com
Wegen seines riesigen Sportangebots beliebt. ●●●

■ **Sheraton Grande Laguna Beach**
Tel. 0 7632 4108
www.phuket.com/sheraton
Auf einer Halbinsel inmitten einer Wasserlandschaft: Villen, Häuschen und Hotelkomplex mit **Thailands größtem Swimmingpool.** Schöner Strand. ●●●

■ **Bangtao Lagoon Bungalow**
73/2 Moo 3 T
südlich des Laguna-Komplexes
Tel. 0 7632 4260
www.bangtao-bungalow.com
Teils sehr preiswerte, unterschiedlich komfortable Bungalows direkt am Strand mit eigenem Bad und Warmwasser. Infinity-Pool, allerdings etwas teure Restaurants. ●–●●

Special
Schillernd bis schrill – Showtime in Thailand

Tanzende Elefanten? Akrobatik-Einlagen? Krachendes Feuerwerk? Transvestiten mit Federboas und glitzernden Paillettenkostümen? Das Angebot an Showeinlagen in den Ferienzentren Südthailands ist so schillernd und exotisch wie das Land selbst.

Bühne frei für die Drag Queens

Katoeys sind Transsexuelle in oftmals schrillen und aufwendigen Kleidern. Dank der hohen Toleranzschwelle der Thais wird den »Ladyboys« und Homosexuellen das Leben relativ leicht gemacht. Kaum ein Arbeitgeber hat Probleme damit, eine/n Transsexuellen in seiner Firma zu beschäftigen.

Auch im Nachtleben von Patong mischen sich oft besonders hübsche Katoeys unters Volk. Viele Touristen können sie selbst bei genauem Hinsehen nicht von »echten Frauen« unterscheiden. Die in Thailand boomende plastische Chirurgie verschafft den Transsexuellen wohlgeformte, weibliche Oberkörper, der Adamsapfel ist nicht mehr sichtbar. Nur noch Stimme, Hände und Körpergröße verraten den Mann in der Frau. In Südthailand gibt es gleich mehrere gefeierte Travestieshows.

■ **Phuket Simon Cabaret**
Patong Beach][**Tel. 0 7634 2011**
www.phuket-simoncabaret.com
Die tolle Truppe tritt jeden Abend zweimal auf, um 19.30 und 21.30 Uhr.

■ **Christy's Cabaret**
Chawaeng Beach][**Ko Samui**
Tel. 0 1894 0356.
Die Show beginnt erst um 23 Uhr. Hier trifft sich auch die Partyszene der Insel, denn der Eintritt ist frei – nur die Cocktails kosten ordentlich viel.

4 ****Phuket FantaSea**

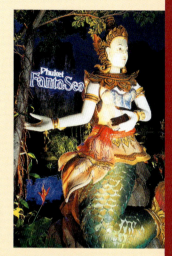

35 ha ist der vergnügliche The-
menpark groß. Vor der Show ist
Zeit für einen Bummel durch das
Festival Village, einen Einkaufs-
komplex, dessen bunte Hütten an
Disneyland erinnern. Es werden
handwerklich hochwertige, aber
z.T. auch teure Souvenirs feilgeboten. Nächste Station ist das
thailändisch gestaltete **Golden
Kinnaree Restaurant,** in dem
man sich gegen Aufpreis am Buf-
fet laben darf. Gegen 20.30 Uhr
kommt Bewegung in die Menge:
Die Pforten des gewaltigen »Pa-
lasts der Elefanten« öffnen sich.
Das technisch perfekt ausgestatte-
te Theater mit mehr als 3000 Sitz-
plätzen ist dem weltberühmten
Angkor Wat nachempfunden. Mal
anrührend kitschig, mal pompös,
mal authentisch oder kommerzi-
ell angehaucht wirkt **Fantasy of a
Kingdom,** eine der spektakulärsten Shows Thailands. 500 Akteure
führen eine Abwandlung des indischen Nationalepos
Ramayana auf: Seil-
tänzer und andere Ak-
robaten, Sänger und
Profi-Feuerwerker, die
die Schlachten des
heldenhaften Prinzen
Kamala mit viel Pyro-
technik untermalen.
Die Musik ist auf
westlichen Geschmack
zugeschnitten, gespro-
chen wird Thai und
Englisch – und neben
18 Elefanten tritt auch
ein Tiger auf.

Phuket FantaSea
99 m 3 Kamala Beach][**Phuket**
Tel. 0 7638 5000
www.phuket-fantasea.com
Tgl. außer Do 17.30 bis 23.30 Uhr,
Dinner ab ca. 18.15 Uhr, die Show
dauert rund 80 Minuten. Während der
Hochsaison früh buchen. Eintritt 1500
Baht (mit Dinner 1900 Baht, Kinder
1700 Baht). Hoteltransfer 300 Baht.

Eine **Zeitreise durch die Kultur der Thais** bietet
das Thai Village/Orchid Garden. Täglich um 11 und
17.30 Uhr startet die einstündige Show: Schwertkämpfe und Gefechte mit Rundhölzern, Thai-
Boxen, klassische Thai-Tänze und eine liebevoll
gestaltete Hochzeitszeremonie. Im nahen Orchi-
deengarten kann man an einigen der über 20 000
Orchideen schnuppern oder im Restaurant essen.
Thai Village/Orchid Garden
Thepkasattri Road, ca. 3 km vom Stadtzentrum
Phuket Town][**Tel. 0 7621 4860-1**
www.phuketdir.com/thaivillage
Tgl. 9–19 Uhr.

Der Süden Phukets

Nai Harn Beach 7

Zwischen Kata und Chalong steht die größte Buddhastatue der Welt. Nur der Sockel ist noch nicht ganz fertig. Von oben genießt man die fabelhafte Aussicht auf all die weißen Strandbuchten, darunter auch auf den idyllischen Nai Harn Beach. Letzterer gehört hauptsächlich den Gästen des exklusiven Royal Meridien Phuket Yacht Club.

Rawai Beach 8

Der lange, flache und von Kasuarinen bestandene Rawai Beach mit seinen Seafood-Restaurants ist ein beliebtes Ausflugsziel und

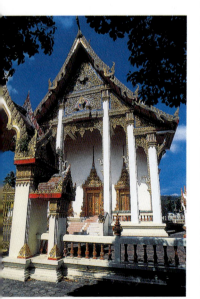

Wat Chalong

Ausgangspunkt für Bootsausflüge zu vorgelagerten Inseln wie **Ko Lone** › S. 87 und **Ko Bon**. Die Fischer im nahen Dorf gehören zu den Nachfahren der Chao Le.

Restaurant

Sala Loy
Tel. 0 7638 1370
Thai-Treffpunkt am Strand mit köstlichen Gerichten, vor allem das Seafood ist klasse! ●

*Laem Phromthep 9

Am »Kap der Götter« wird es abends richtig voll, wenn sich Hunderte von Thais und Sonnenanbetern zum Abschied ihres strahlenden Götzen versammeln und die Blitzlichter flackern. Richtung Norden verläuft die kurvenreiche Küstenstraße hinab zum winzigen **Yanui Beach,** der durch den Tsunami stark zerstört wurde, und dann wieder hinauf zu einem Aussichtspunkt unterhalb der Windräder. Von dort schweift der Blick über die Lagune und den Nai Harn Beach, vor dem einige Segeljachten ankern – Segler, die es sich leisten können, tauschen hier ihre Kojen für einige Zeit mit den Betten im noblen Royal Meridien Phuket Yacht Club (www.puravarna.com).

Chalong Bay und *Wat Chalong 10

Im Südosten liegen zwei weniger attraktive Strände: Die flache **Chalong Bay** ist zum Baden kaum geeignet, da das Wasser hier eher schlickig ist. Dafür zieht die Bucht jedes Jahr im Dezember zur King's

Regatta eine ganze Armada internationaler Segelschiffe in den berühmten **Jachthafen,** wo sich auch Segeltörns in alle Himmelsrichtungen organisieren lassen – wer Lust und Zeit hat: Manch ein Skipper sucht jemanden, der mit anpackt.

Südöstlich von Phuket Town liegt an der Straße 4021 der bekannteste Tempel der Insel, der **Wat Chalong** mit einem kleinen Teich auf dem Gelände und bronzenen Statuen von drei hochverehrten Mönchen.

Cape Panwa und das *Marine Biological Centre & Aquarium

Nach jahrelangen Umbauarbeiten wurde das Marine Biological Research Centre & Aquarium an der Südspitze des Cape Panwa wieder eröffnet. In zahlreichen Becken ist v.a. die einheimische Unterwasserwelt zu bewundern, darunter Haie, Rochen und Meeresschildkröten (tgl. 8.30–16 Uhr, Tel. 0 7639 1126, www.phuket aquarium.org).

Der Norden Phukets

Nai Thon

Bei Nai Thon zieht sich ein weiterer gut zum Schwimmen geeigneter Strand die Küste entlang. Ein paar Resorts und einige Privatzimmer, ein überschaubares Unterhaltungs- und Restaurantangebot: Nai Thon strahlt wirklich noch Ruhe aus.

Vihara im Wat Chalong

Hotel

Naithon Beach Villa
Tel. 0 7620 5407][**www.naithon.com**
Kleines Resort mit 6 Apartments und 10 Hotelzimmern, einige davon mit Meerblick. ●●

Mai Khao Beach und Nai Yang Beach

Der **Mai Khao Beach** und Teile des ruhigen, verträumten Nai Yang Beach im Nordwesten der Insel stehen im **Sirinat National Park** unter Naturschutz: Hier kommen alljährlich zwischen November und Februar Meeresschildkröten an den Strand, um ihre Eier im Sand zu vergraben – dabei sollte man die Tiere nicht stören. Der schöne Nai Yang

Im Khao Phra Taeo National Park

Beach ist für Schwimmer lohnender und sicherer als die kilometerlangen, schnurgeraden Strände weiter nördlich.

Hotels

■ Indigo Pearl
Nai Yang Beach][Tel. 0 7632 7006
www.indigo-pearl.com
Am ruhigen Nai Yang Beach gelegenes, komfortables Hotel mit interessantem Design-Konzept, edlem Spa und einem ausgezeichneten europäischen Restaurant. Sehr populär ist die hippe Bar.
●●●

■ Trisara
Nai Yang Beach][Tel. 0 7631 0100
www.trisara.com
Perfektes Flitterwochen-Hotel mit abgeschiedenen Teak-Villen mit Blick auf den Ozean, privaten Infinity-Pools und einfach himmlischen Betten.
Erstklassige Küche, tolle Bar, edles Spa und jede Menge Privatsphäre, die allerdings mit mindestens 600 € die Nacht teuer bezahlt wird. ●●●

■ Sala Phuket
Mai Khao Beach][Tel. 0 7633 8888
www.salaphuket.com
Brandneues luxuriöses Boutique-Resort, das klassische sino-portugiesische Architektur mit topmodernem, reinweißem Zen-Dekor vereint. Die meisten Suiten und Villen haben private Pools. Dazu kommen 3 große Pools am weiten Palmenstrand, exzellente Restaurants am Strand und auf dem Dach sowie ein elegantes Spa.
●●●

*Khao Phra Taeo National Park und Gibbon Research Center 15

Mangrovenwälder beherrschen noch immer die Ostküste, im Landesinnern haben Garnelenfarmen, Kautschuk- und Kokosplantagen den Dschungel verdrängt. Der letzte Rest des tropischen Regenwalds steht im **Khao Phra Taeo National Park** im Norden unter Schutz. Hier können strandmüde Urlauber eine dreistündige Dschungelwanderung von Wasserfall zu Wasserfall unternehmen: vom schmalen **Tone Sai** bis zum kleinen, aber idyllischen **Bang Pae.** Unterwegs kann man in einem kleinen See baden, den Geräuschen des Urwaldes lauschen, die seltene Lahng Kao (Langkow)-Palme bewundern und zum Abschluss das **Gibbon Research Center** (www.gibbonproject.org) besuchen. Hier bereiten Tierschützer halbzahme Weißhand-Gibbons, die zuvor als Attraktion in Restaurants und Bars in Käfigen oder an Ketten gehalten wurden, auf ein selbstständiges Leben im Dschungel vor.

*Wat Phra Thong 16

Westlich des Naturschutzgebietes bietet sich ein Abstecher zum Wat Phra Thong an, wo eine Buddha-statue Rätsel aufgibt. Bis auf den mit Blattgold übersäten Kopf und die Schultern ist der Erleuchtete im Boden vergraben. Scheinbar auf ewig, denn alle Versuche, die Statue freizulegen, scheiterten an ihren magischen Kräften. Als die Birmanen bei ihrem Beutezug 1785 auch diesen Buddha ausbuddeln und das Gold einschmelzen wollten, wurden sie plötzlich von einem Schwarm wilder Hornissen und faustgroßer Ameisen angegriffen und vertrieben.

Thalang 17

Sehenswert ist hier der **Wat Phra Nang Sang.** Der Tempel wurde im 18. Jh. gebaut und später mit modernen leuchtenden Wandmalereien aus dem Alltag der Inselbewohner ergänzt. Östlich vom großen Kreisverkehr präsentiert das **Thalang National Museum** (Tel. 0 7631 1425, www.thailand museum.com) anschaulich die Geschichte der Insel und ihrer Bewohner. Auch dem Tsunami ist eine Ausstellung gewidmet.

Das **Vegetarierfest

Wenn Sie schon immer einmal sehen wollten, wie neun Götter die Erde besuchen und dabei ihre menschlichen Anhänger verzaubern, sollten Sie Ihren Urlaub auf Phuket im September/Oktober planen: Das chinesisch-taoistische Vegetarierfest gehört zu den spektakulärsten Feiern in Thailand. Einige der hier praktizierten Rituale verlangen allerdings auch vom Zuschauer ein dickes Fell.

Die taoistischen Götter werden in Häusern, Tempeln und auf den Straßen Phukets willkommen geheißen, u.a. im Schrein Bang Niew ❯ S. 86: Auf den Altären und endlosen Tischreihen türmen sich Obst und Blumen als Opfergaben, die Weihrauchschwaden scheinen undurchdringlich, und es regnet pausenlos Goldpapierschnipsel. Neun Tage lang fasten die Gläubigen und tun Buße – teils mit archaisch wirkenden Methoden, die alle der inneren Reinigung dienen: Einige der Priester und Medien beweisen ihr Vertrauen in die »Neun Königlichen Götter«, die *Kiu Ong Iah*, indem sie ihre Zungen und Wangen mit Speeren, den Rücken mit Fleischerhaken durchbohren und wie in Trance über glühende Kohlen laufen. Die Beherrschung der Körperfunktionen, wie Herzschlag, Atmung und Schmerzempfindlichkeit, ist nur mit jahrelanger Vorbereitung möglich, beispielsweise durch tiefe Meditation, Yoga und Fasten – so erklären die Wissenschaftler, dass bei den rituellen Peinigungen nur selten Blut fließt und die Gläubigen offensichtlich keine Schmerzen verspüren. Der okkulte Spuk ist am neunten Tag vorbei, wenn die Bewohner Phukets die nun besänftigten Götter bei einer mitternächtlichen Prozession mit viel Getöse und Feuerwerk wieder ins Himmelreich zurückgeschickt haben.

Sino-portugiesische Architektur in Phuket Town

3 *Phuket Town 18

Die Provinzhauptstadt hat sich aus ihrer Vergangenheit ein einzigartiges Antlitz bewahrt, eine architektonische Mischung aus westlichen und östlichen Elementen, die v.a. aus dem chinesischen und malaiischen Raum stammen. Dieser Stil wird allgemein als sino-portugiesisch bezeichnet. Doch auch wenn die Fassade eine koloniale Vergangenheit vermuten lässt, das Innenleben und Mobiliar waren stets chinesisch: Viele reiche Zinnminenbesitzer waren chinesische Einwanderer. Entdecken können Sie dieses Erbe bei einem Bummel durch die Straßen Yaorawaj, Deebuk, Phang-Nga, Ranong und Thalang.

Deutliche Spuren der starken Einwanderung aus China sind auch die vielen chinesischen Tempel mit ihren ausladenden roten Dächern, etwa der **Bang Niew** (Phuket Rd.) und der **Put Jaw** (Ranong Rd.). Ein schöner Blick über die Stadt bis weit in die Andamanensee bietet sich von einigen Ausflugsrestaurants am Hang des **Khao Rang**; Sportliche können die Serpentinen hochjoggen (Vorsicht vor streunenden Hunden!), auf dem Gipfel gibt es einen kleinen Fitnessparcours.

Info

Tourism Authority of Thailand (TAT)
73-75 Phuket Rd.
Tel. 0 7621 2213
www.phukettourism.org/phuket

Hotel

Talang Guest House
37 Talang Rd.][Tel. 0 7621 4225
www.thalangguesthouse.com
Preiswertes, sauberes Guesthouse in einem schönen, zentral gelegenen

sino-portugiesischen Gebäude mit ge-schmackvoll eingerichteten Zimmern, teils mit Balkon und Klimaanlage. Komfortable Betten, Duschen mit Warmwasser. Ab 399 Baht. ●

Restaurants

Die Marktstände an der Kreuzung von Tilok Uthit 2 und Ong Sim Rd. servieren **spottbillige, leckere Thai-gerichte,** darunter *kanom jin Phuket* (Nudeln in scharfem Curry), für ca. 1 €.

■ **Tamachart Restaurant**
62/5 Soi Phutorn Bangkok Rd.
Tel. 0 7622 4287

Vorzügliche Thaiküche, serviert in recht eklektischem Ambiente. **Die frischen Phuket-Austern sind extrem lecker.**
●●

■ **Tunkka Cafe**
Panoramastraße auf den Khao Rang
Tel. 0 7621 1500

Gartenlokal, Thaiküche – Vorsicht vor dem feurigen »Jungle-Curry«! ●

Nightlife

Timber Hut
118/1 Yaowarat Rd.
Tel. 0 7621 1839

Die **turbulenteste Party-Location in Phuket Town.** Vor 23 Uhr ein ruhiger Pub, danach steppt der Bär, mit den besten Bands der Insel. Wenn Phukets Rockstar Boonkurt auftritt, tobt die Menge, und die jungen einheimischen Frauen wollen nur noch eins: tanzen.

Shopping

Das Zentrum der Stadt lohnt einen Einkaufsbummel: Auf dem **Markt (Ranong Rd.)** gibt es Obst, Gemüse, Blumen und Fisch; vielleicht kann man auch dem exquisiten Kunsthandwerk, den Möbeln und Antiquitäten nicht

widerstehen, z.B. bei **Ancient Art (32 Yaowarat Rd.).**

Ausflug auf die Halbinsel Sire 19

Von Phuket Town erreicht man die Halbinsel Sire über eine Brü-cke östlich der Stadt. Hier leben die letzten Nachfahren der **Chao Le,** die einst vom indonesischen Archipel gen Norden in See sta-chen und als Erste die Inselwelt in der Andamanensee besiedel-ten. Heute leben schätzungsweise noch 20000 Chao Le in ganz Südthailand, wo sie teilweise nach wie vor animistische Rituale prak-tizieren. In dem **Fischerort** auf Sire herrschen allerdings zeitwei-se ziemlich touristischer Trubel und nur wenig Authentizität.

4 **Phuket FantaSea 20

Die zugkräftigste Attraktion der Insel, die thailändische Version einer Vegas-Show, sollten Sie sich nicht entgehen lassen (s. Special »Spitzenshows« ❯ S. 80)!

Vorgelagerte Inseln

Von Chalong oder Rawai aus sind Ko Lone und Ko Hay erreichbar: Die große bergige **Ko Lone** hat viele kleine versteckte Sandsträn-de, **Ko Hay** (Coral Island) ist ein wunderschönes Schnorchelgebiet.

Von Chalong verkehren Boote zu den zwei Inseln **Ko Racha Yai** und **Ko Racha Noi**. Vor allem die größere Ko Racha Yai hat schöne Strände und eignet sich gut zum Schnorcheln, Tauchen und Fischen. Racha Noi ist bekannt für Haie und Barrakudas. Einige Unterkünfte stehen zur Verfügung, etliche weitere werden gebaut.

Zu den Inseln in der Bucht von Phang Nga bieten zahlreiche Veranstalter Touren an. Beliebt ist der halbtägige Ausflug zur »James-Bond-Insel« (> S. 102). Die Attraktion von **Nakha Yai** und **Nakha Noi** ist die Perlenzuchtfarm auf der kleineren Insel, wo man auch übernachten kann. Mit schönen Stränden und Unterkünften warten die größeren Inseln **Ko Yao Noi** und **Ko Yao Yai** auf, die von Bang Rong oder Ao Po aus angesteuert werden.

Hotels

■ Coral Island Resort
Ko Hay][Tel. 0 7628 1060-2
www.coralislandresort.com
Bungalows am Strand und im Palmengarten, Pool, Tauchkurse. ●●—●●●

■ Six Senses Hideaway
Ko Yao Noi][Tel. 0 7641 8500
www.sixsenses.com
5-Sterne-Resort mit Poolvillen im Stil eines Seenomaden-Dorfs. Das Spa ist ein Traum und steht auch Nicht-Hotelgästen offen. ●●●

Aktivitäten auf Phuket

■ Scuba Cat Diving
94 Thaweewong Rd.][Patong
Tel 0 7629 3120
www.scubacat.com

Klasse Tauchexkursionen in die Gewässer südlich von Ko Yao Yai sowie rund um die Inseln Ko Racha Yai und Ko Racha Noi (Dez.–April herrschen die besten Bedingungen).

Echt gut!

■ Santana
49 Taweewong Rd.][Patong
Tel. 0 7629 4220
www.santanaphuket.com
Erfahrener deutscher Veranstalter von Tauchexkursionen.

■ Phuket Diving
6 Koktanod Rd.][Kata Beach
Tel. 0 7628 4568
www.thejunk.com
Segel- und Tauchausflüge an Bord einer **alten chinesischen Luxus-dschunke.**

■ SY Stressbreaker
Tel. 0 1894 3966
www.thailand-sail.com
Segeltouren durch den Mergui-Archipel zwischen Thailand und Myanmar.

■ Meroja
86 Patak Rd.][Kata Beach
Tel 0 7633 0087
www.meroja.com
Luxustörns durch die Andamanensee.

■ Sea Canoe
367/4 Yaowarat Rd.][Phuket Town
Tel 0 7621 2252
www.seacanoe.net
Renommierter Anbieter von Paddel-touren durch die Phang Nga Bay.

Echt gut!

■ Blue Canyon Country Club
165 Moo 1, Thepkasattri Rd.
Thalang][Tel. 0 7632 8088
www.bluecanyonclub.com
Golfplatz mit zwei preisgekrönten 18-Loch-Greens.

■ Mission Hills
195 Moo 4 Pla Khlok][Thalang
Tel 0 7631 0888
www.missionhillsphuket.com

Weltklasse-Golf mit Luxushotel und
Spa.

■ Phuket Laguna Riding Club
Bang Tao Beach][**Tel 0 7632 4199**
phuket_horseclub@yahoo.de
Ausritte am langen Strand, auch
Elefantentouren durch kühle Wälder.

■ Siam Safari Nature Tours
45 Chao Far Rd.][**Chalong**
Tel. 0 7628 0116
www.siamsafari.com
Lehrreiche Dschungelausflüge mit
Landrover, Elefantensafari, Kochkurse
und andere Angebote.

■ South Orchid
68/2 Maeluan Rd.][**Phuket Town**
Tel. 0 8917 04100
www.nature-travel.org
Individuelle umweltorientierte Touren
in die Nationalparks Südthailands.

Shopping auf Phuket

■ Shopping macht beim abendlichen
Bummel Spaß. Nur 10 Min. zu Fuß vom
Patong Beach liegt die Luxusmall
Jungceylon (www.jungceylon.com),
preiswerter ist es aber in Phuket Town.
Vor den Toren von Phuket Town gibt es
gigantische Einkaufszentren, von
denen das **Central Festival Phuket**
(www.central.co.th) mit zahlreichen
Läden und Supermärkten selbst Ein-
kaufsmuffel beeindruckt. An der
Nordwestküste findet man zahlreiche
Antiquitätenläden und Galerien. Hierher kommen vor allem betuchte Lang-
zeiturlauber, die ihre Villen einrichten
wollen.

■ Chan's Antique House
99/42][**Moo 5**
Chalermprakiat Route 9 Rd.
Tambon Rassada][**Amphur Muang**
Tel. 0 7626 1416
www.chans-antique.com

Nördlich von Phuket Town an der
Bypass Rd. Große Auswahl an echten
Antiquitäten (sowie hochwertigen
Reproduktionen) aus Thailand, Birma,
Laos, Kambodscha und China.

■ Songtique
63/16 Moo 1
Cherng Talay Talang
Tel. 0 1668 2555
www.songtique.com
In einem Dorf nordöstl. von Surin und
Bang Tao Beach. Schöne Sammlung
von Buddhas aus ganz Asien sowie
chinesische Möbel. Versendet nach
Europa.

■ Ban Boran Textiles
51 Yaowarat Rd.
Phuket Town
Tel. 0 7602 11563
Exzellente Auswahl an Seidenstoffen
und handgewebten Textilien, außerdem Schmuck, Taschen und Kunsthandwerk aus Nordthailand.

Andamanenküste

Nicht verpassen!

- Bei Sonnenuntergang durch die traumverlorene Phang Nga Bay paddeln
- Sich im Morgenlicht von der smaragdgrünen Maya Bay auf Ko Phi Phi Le verzaubern lassen
- Felsklettern vor Krabi
- In der Korallenwelt rund um die Similan Islands in einen Rausch der Farben abtauchen
- Im Khao Sok National Park in einem Baumhaus schlafen
- Auf Ko Tarutao Thailand wie vor 30 Jahren erleben

Zur Orientierung

Dschungelbewachsene Kalksteinriesen, die seit Millionen von Jahren aus dem grünen Wasser ragen, Fischerdörfer, die auf Stelzen stehen: Die **Phang Nga Bay** zog mit ihrem märchenhaften Antlitz bereits Hollywoodregisseure in ihren Bann. Auf den **Phi-Phi-Inseln** können Sie wie Leonardo di Caprio nach »The Beach« suchen, den perfekten Strand. Der versteckt sich aber vielleicht auch in der einzigartigen Karstfelslandschaft bei **Krabi.** Weiter südlich warten zwischen **Ko Lanta** und **Ko Tarutao** unzählige Inseln und Inselchen auf Entdecker. Aber auch nördlich von Phuket fasziniert die Andamanenküste mit Traumstränden rund um **Khao Lak,** Ausflügen zu den Taucherparadiesen der **Similan** und **Surin Islands** sowie mit Trekking- und Kanutouren durch die Urwälder des **Khao Sok National Park.**

Dauer: 4 Tage, ca. 450 km Autofahrt.
Praktische Hinweise: Alle Etappenziele sind mit Minibussen oder Bussen zu erreichen. Bequemer ist ein Mietwagen. In Phang Nga und Khao Lak gibt es ein großes Angebot an Ausflugsbooten.

Starten Sie vor 6 Uhr auf dem Highway 4, denn die Fahrt durch die Karstlandschaft von ****Krabi** ❯ S. 103 nach **Phang Nga** (83 km) ist im Morgenlicht besonders schön. Die Longtail-Boote stehen dort schon um 7 Uhr bereit, und Sie erleben die Märchenwelt der *****Phang Nga Bay** ❯ S. 101, wenn das spiegelglatte Wasser kristallblau leuchtet und die Karstkegel in intensivem Grün

Touren in der Region

Nördliche Andamanenküste für Seenomaden

— 6 ❯ Krabi ❯ Phang Nga ❯ Khao Lak ❯ Ko Similan ❯ Khao Sok National Park ❯ Krabi

Ein Traum in Smaragdgrün: die Maya Bay von Ko Phi Phi Le

Ko Lipe

strahlen. Wenn die organisierten Ausflügler einfallen, fahren Sie schon auf dem Highway 4 zur ca. 40 km entfernten Ozeanküste. Auf dem Weg nach Khao Lak haben Sie wilde Strände zur Linken, den Regenwald mit kühlen Wasserfällen zur Rechten. Genießen Sie den Sonnenuntergang an einem der ***Strände von Khao Lak** (zahlreiche Unterkünfte) › S. 94. Am Morgen des 2. Tages finden auch Kurzentschlossene meist Platz auf einem Tauchboot, das

vom Thap Lamu Pier bei Khao Lak zu den ****Similan Islands** › S. 96 übersetzt. Nichttaucher können auf Ko Similan baden und wandern oder an der Nordwestküste schnorcheln. Gegen Abend geht es nach Khao Lak zurück und am 3. Tag den Highway 4 weiter nach Norden. Gönnen Sie sich ein Bad am schönen **Bang Sak Beach** oder eine Wanderung zu den nahen Wasserfällen im **Khao Lak Lam Ru National Park**. Nach 45 km ist die Stadt

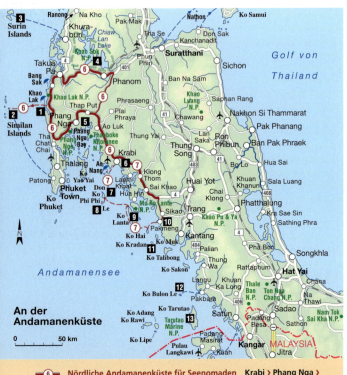

An der Andamanenküste

0 ———— 50 km

Takua Pa erreicht. Von hier sind es auf der Straße 401 noch 50 km bis zur Dschungellandschaft des ****Khao Sok National Park** ❯ S. 100, einem Paradies für Wanderer und Kanufahrer – und mit Baumhäusern zum Übernachten.

Am 4. Tag fahren Sie auf der Straße 415 wieder nach **Phang Nga** (120 km). Gegen 16.30 Uhr sollten Sie noch einmal mit einem Longtail in den unbeschreiblichen Sonnenuntergang der Bucht hineinfahren. Aber auch die abendliche Fahrt zurück nach Krabi ist ein traumhaftes Erlebnis.

In der Inselwelt von Ko Phi Phi

Island Hopping an der südlichen Andamanenküste

⑦ ❯ **Krabi** ❯ **Ko Phi Phi Don** ❯ **Ko Phi Phi Le** ❯ **Ko Lanta** ❯ **Ko Hai** ❯ **Pakmeng** ❯ **Krabi**

Dauer: mind. 1 Woche
Praktische Hinweise: Zu den Inseln kommen Sie mit Schnellbooten und Longtails, für die Rückfahrt nach Krabi nehmen sie den Bus.

Von ****Krabi** ❯ S. 103 (Passenger Port oder Ao Nang Beach) fährt um 9 Uhr das erste Schnellboot nach ***Ko Phi Phi Don** (2 Std.) ❯ S. 106. Verbringen Sie den Tag an einem der ruhigeren Strände an der Ostküste und genießen Sie den fantastischen Blick vom ****Aussichtspunkt** ❯ S. 106 im Licht der Abendsonne. Am nächsten Morgen mieten Sie sich bei Sonnenaufgang ein Longtail und fahren in die noch herrlich ruhige Maya Bay von ****Ko Phi Phi Le** ❯ S. 106. Wenn die Ausflugsboote anrücken, können Sie auf einem kurzen Waldpfad hinüber in die **Lo Samah Bay** ❯ S. 107 flüchten. Zurück auf die Schwesterinsel geht es mit dem Longtail, von wo um 11.30 und 14 Uhr ein Expressboot nach ****Ko Lanta** (1½ Std.) ❯ S. 108 übersetzt. Genießen Sie Strandfreuden am **Klong Dao** ❯ S. 108 und **Long Beach** ❯ S. 109, buchen Sie im Ko Lanta Dive Center ❯ S. 110 einen Tauchausflug, schwimmen Sie durch eine smaragdgrün leuchtende Höhle und lassen Sie sich Zeit. Drei Tage auf Lanta sollten es schon sein. Schöne Hotels gibt es genügend. Weitere unbeschwerte Strandtage können Sie auf ***Ko Hai** ❯ S. 111 verleben. Die dortigen Resorts kümmern sich um den Transfer. Am Ende bringt Sie ein Boot nach **Pakmeng** ❯ S. 110 auf dem Festland. Von dort fahren Busse zurück nach **Krabi** (2 Std.).

An der Andamanenküste

Khao Lak 1

Neben Familien zieht es auch Taucher an die ***Strände** von Khao Lak. Der feine Sandstrand erstreckt sich über mehrere Kilometer, malerisch unterbrochen von Felsformationen und kleinen Lagunen, die aus Flüssen des **Khao Lak Lam Ru National Park** gespeist werden. Im Hinterland erheben sich dessen Urwaldriesen: ein Naturschauspiel der Extraklasse. Bei Ebbe kann man am **Bang Sak Beach** nördlich von Khao Lak ein paar Kilometer am Strand entlang nach Süden wandern, mit Blick auf Thailands westlichsten Punkt, den **Leam Pakarang.**

Nach der Zerstörung mancher Strandabschnitte durch den Tsunami von 2004 haben die Menschen tatkräftig am Wiederaufbau gearbeitet. Viele Resorts sind wieder hergestellt und bieten ein hervorragendes Preis-Leistungs-Verhältnis. Am **Nang Thong Beach** gibt es neben neuen Hotels auch zahlreiche Geschäfte, Tauchbasen und Restaurants. Auch am **Bang Niang Beach** kann man wieder herrlich urlauben und selbst am **Khao Lak Beach** boomt der Tourismus wieder.

Neben Tauchtouren zu den ****Similan-** und ***Surin Islands** (> S. 96 und > S. 97, s. außerdem Special »Tauchen« > S. 98) werden Ausflüge in den ****Khao Sok** National Park (> S. 100) und in die *****Phang Nga Bay** (> S. 101) angeboten. Wildwasserrafting sowie Höhlentouren, oft kombiniert mit einem Tempelbesuch, kann man bei Holiday Service (Tel. 0 7648 4630, www.holiday-service-khaolak.com), einem ökologisch orientierten deutschsprachigen Veranstalter in Khao Lak, buchen, der auch einen beliebten Tagesausflug mit Elefantenreiten, Bambusfloßfahrt, Bad im Wasserfall und Aufenthalt an einem verlassenen Strand im **Asia Safari Park** oberhalb vom Khao Lak Beach anbietet. Dort gibt es außerdem einen neu angelegten, artgerechten Minizoo mit Affen, Vögeln, Büffeln und Krokodilen.

Anreise

Der internationale **Flughafen von Phuket** ist etwa 1 Std. entfernt. Neben Direktflügen aus Europa gibt es mehrmals tgl. Flüge von/nach Bangkok. Nach Khao Lak verkehren **Airport Taxis** (ca. 1 Std., rund 1300 Baht); **Minibusse** kosten 600 Baht.

Hotels

■ **The Sarojin**
Khuk Khak][**Tel. 0 7642 7900-4**
www.sarojin.com
Luxuriöses Boutique-Resort in herrlicher, japanisch inspirierter Gartenanlage an einem einsamen, über 10 km langen weißen Strand nördlich von Khao Lak. 2-stöckige Villen mit Gartenterrasse, Spa und Infinity-Pool.

Echt gut

Luxus pur: Jacuzzi-Villen direkt am Strand im La Flora

Alle Zimmer mit großen Betten und moderner Unterhaltungselektronik, WLAN kostenlos. Ausflüge mit privatem Speedboot zu den Similan Islands und Elefantentrekking durch die Regenwälder der Nationalparks. ●●●

■ **Le Méridien Khao Lak Beach & Spa Resort**

Pak Weep Beach][**Tel. 0 7642 7500**
www.lemeridien.com

Luxusanlage mit allem Komfort an einem einsamen Strandabschnitt mit traumhaft weißem Sand. Schön möblierte Zimmer mit Plasma-TV sowie luxuriöse Villen. Kinderfreundlicher großer Pool, schönes Spa, Fitnesscenter und diverse Restaurants. ●●●

■ **Aleenta Phang-Nga**

Natai (Pilai) Beach
Tel. 0 2508 5333
www.aleenta.com/phuket

Südlich von Khao Lak (20 Min. zum Flughafen Phuket) liegt dieses schöne Boutique-Resort an einem unberührten langen weißen Sandstrand. Die modernen Villen präsentieren sich im »medi-

terranen Thai-Stil«, einige haben kleine Privatpools. Das Restaurant serviert raffinierte Thai-Küche. Spa mit Detox-Programm. ●●●

■ **La Flora**

Bang Niang Beach
Tel. 0 7642 8000
www.lafloraresort.com

Luxus an ruhigem Strandabschnitt. Tropischer Garten, Pool, Spa und Fitnesscenter. Besonders die 170 m² großen Jacuzzi-Villen mit eigenem Pool und Blick aufs Meer begeistern. WLAN kostenlos. ●●●

■ **Khao Lak Seaview Resort & Spa**

Nang Thong Beach
Tel. 0 7642 9800
www.khaolak-seaviewresort.com

Große Anlage mit geräumigen Zimmern. Riesenpool, Kinderbecken und Wasserrutschen, Squashcenter, Spa und Arztpraxis. ●●●

■ **Khao Lak Paradise Resort**

Nang Thong Beach
Tel. 0 7642 9100
www.khaolakparadise.com

Ein langer Steg durch den Urwald führt zu den Bungalows (mit Meerblick oder am Pool) und zum wunderschönen Strand. Tolle Einrichtung und hübscher Tropengarten. Restaurant und Bar am Meer. ●●●

■ **Nangthong Beach Resort**
Nang Thong Beach
Tel. 0 7648 5911
www.nangthong2.com
Günstig, aber in bester Strandlage, mit Pool und Restaurant. Die Bungalows sind besonders schön ausgestattet. ●●

Restaurants

■ **Joe's Steakhouse**
Bang Niang Beach
In dem von Joe in eigener Handarbeit wieder aufgebauten Restaurant wird Echt gut! deutsch gesprochen. Leckere Steaks in angenehmer Atmosphäre. ●●

■ **Smile Khaolak**
Khuk Khak][Tel. 0 7648 5551
Vorzügliche Thai- und Fusionsküche mit französischem Pfiff. ●●

■ **Mama's Restaurant**
Khuk Khak
Petchkasem Rd.
Authentische preiswerte Thaiküche in Rufweite des Marriott. ●

Traumkulisse: Similan Islands

Shopping

Im **Khao Lak Centre** am Nang Thong Beach gibt es zahlreiche kleine Läden mit Kleidung und Souvenirs. Das **Tsunami Craft Centre** am Bang Niang Beach offeriert handgewebte Kleidung, zahlreiche Souvenirs und etliches mehr. Inzwischen werden auch kleine Nachtmärkte abgehalten.

Nightlife

Abends lockt die **Happy Snapper Bar** im Khao Lak Centre am Nang Thong Beach mit Livemusik.

Similan und *Surin Islands

 Similan Islands ❷

Die Similan-Inseln begeistern mit ihrem tropischen Regenwald, den schneeweißen Stränden mit den markanten runden Granitfelsen (Ko Similan) und dem in allen Blautönen schimmernden Meer. Wer hier getaucht ist, kommt aus dem Schwärmen gar nicht mehr heraus.

Die berühmtesten Tauchgründe rund um Ko Similan (Insel 8) sind **Christmas Point** vor der Nordspitze und **Elephant Head** vor der Südspitze. Die besten Bedingungen für Schnorchler herrschen am **Beacon Beach** vor der Südostküste von Ko Similan. Wegen seiner seltenen Gitarrenfische und Leopardenhaie faszinierend ist die (2011 wegen Korallenbleiche leider gesperrte) Korallenformation **East of Eden** im Südosten von Ko Payu (Insel 7). Fische in allen Regenbogenfarben begleiten die Taucher wie eine bunte Armada: Thunfische, Trompetenfische, Adlerrochen, Barrakudas und vereinzelt auch Haie. Man gleitet mit der Strömung durch Tunnel und Höhlen, Grotten und Schluchten, vorbei an hohen Felsblöcken und Monolithen, die vor Jahrmillionen durch heiße Lava und die Eiszeit geformt wurden. Heute sind die Felsen in bis zu 40 m Tiefe überwuchert mit Korallen: Ganze 200 Arten wachsen hier, richtige Korallenwände, von Feuerkorallen bis zu den riesigen Blumenkohlkorallen.

Saison ist zwischen November und April, richtig voll wird es an einigen Stellen von Dezember bis Februar: Jachten, Ausflugskutter, Tourboote und Kreuzfahrtschiffe liegen dann zuhauf vor Anker. Für Individualisten empfehlen sich die organisierten Tauchausflüge ab Khao Lak und Phuket. Auf Ko Miang (Insel 4) ist Tauchausrüstung verfügbar.

*Surin Islands 3

Der **Mu Ko Surin National Park** vor der Küste von Khuraburi zieht Taucherscharen wie magisch auf Unterwasserpirsch, um den bis zu 12 m langen Walhaien, gesprenkelten Leopardenhaien, riesigen schwebenden Mantas und Geigenrochen zu begegnen. Walhaie sind übrigens völlig harmlos; man trifft sie v.a. am **Richelieu Rock,** einem der legendären Tauchspots der Welt (s. Special »Tauchen« ⟩ S. 98). Beste Zeit für diese Ozeangiganten ist von März bis Mai.

Die weltweit bedrohten Meeresschildkröten legen ihre Eier auch in den warmen, weißen Sand der Surin-Inseln.

Flache Korallenriffe von einer unglaublichen Vielfalt gedeihen besonders prächtig an den östlichen, seeabgewandten Seiten der Inseln, beliebt ist beispielsweise die Mae Yai Bay im Südosten der nördlichen Insel **Surin Nua:** In der Hochsaison tummeln sich hier allerdings ganze Horden von Ausflüglern mit Schnorchel und Flossen zwischen den Seeanemonen und Gorgonien, Barrakudas, Papageien- und gestreiften Clownfischen. Auf der südlichen der beiden großen, felsigen Surin-Inseln, **Surin Tai,** siedeln heute die Nachfahren der Chao Le, die vom Fischfang und neuerdings auch vom Muschelverkauf an Touristen leben.

Anreise

Die **Fähre** verkehrt nach Bedarf (in der Saison meist tgl.) von **Ban Hin Lat** nördlich von Khuraburi (4–5 Std.), das Speedboat benötigt nur rund 1 Std. Taucher sind aber auf Live-Aboard-Tauchschiffe angewiesen, da die Inseln keine Kompressoren haben. Nationalpark Mai–Nov. geschlossen.

Unterkünfte

Übernachtung auf Ko Similan bzw. Ko Surin Nua in einfachen Nationalparkbungalows (2000 Baht mit Klimaanlage) oder Zelten; Anmeldung unter Tel. 0 2196 2055-57, www.thaiforestbooking.com, oder bei der Parkverwaltung am Thap Lamu Pier bei Khao Lak.

Haie und Mantas – Tauchreviere von Weltklasse

Der Süden Thailands bietet einige der besten Tauchreviere der Welt. Die Trockenzeit (Okt.–April) garantiert die beste Sicht. Tauchfans reisen meist an die Andamanensee. Hier gibt es so viel zu sehen, dass manche ihren gesamten Urlaub unter Wasser verbringen. Gut und günstig tauchen lernen kann, wer sich auf Ko Tao im Golf von Thailand eine Schule sucht. Hier hat man das Tauchriff direkt vor dem Strand und muss nicht mit Booten hinausfahren.

Die besten Tauchplätze

■ **Andamanensee:** Ko Lantas › S. 108 drei Felsspitzen des **Hin Daeng** gelten als eines der Topreviere in Thailand; Steilwände mit feuerroten Fächerkorallen, wo Haie, Fischschwärme und Mantas schwimmen. Zahme Leopardenhaie faszinieren am Einzelriff **Hin Bida** › S. 109. Die benachbarte Inselgruppe **Ko Ha** › S. 111 bietet Höhlen, enge Schlote und Steilwände. Tauchertäume erfüllen auch die ****Similan Islands** › S. 96 mit jeder Menge Korallen und Haien. Der **Richelieu Rock**

Ausrüstung und Preise

Die Ausrüstung von zu Hause mitnehmen sollte nur, wer viele Tauchgänge plant. Mit ca. 20 €/Tag ist die Miete moderat und die Ausrüstung entspricht dem allerneuesten Stand. Für das meist um 28 °C warme Wasser genügt ein leichter 3–5 mm dicker Neoprenanzug (große Auswahl vor Ort) zum Schutz vor Korallen. Als Minimum für eine 2-Tank-Tauchfahrt sind ca. 50 € einzuplanen.